Kolofon

©Mathias Jansson (2016)

"Kannibaler, månmuseum och apkonster - essäer om samtidskonst"

ISBN 978-91-86915-31-5

Utgiven av:

"jag behöver inget förlag"
c/o Mathias Jansson
Tvärvägen 23
232 52 Åkarp
http://mathiasjansson72.blogspot.se/

Tryckt:Lulu.com

Omslag: Kollage av Buzz Aldrins fotsteg från månlandningen 1969 (foto NASA) och Piero Manzonis "Merda d'Artista" (1961) med Andy Warhol filter.

Essäerna har tidigare varit publicerade i Tidningen Kulturen.

Innehåll

Hunden som bet tillbaka 3

Konstnärer som skiter i konsten 9

Pierre Brassau och andra apkonster 15

Den trådlösa konsten 19

Richard Kriesche österrikisk New Media Art pionjär 24

Virveln i konsten 28

Skridskor och kolf under lilla istiden 32

Ryggtavlor i konsten 37

Vampyrer och blodslinjen i konsten 42

Den matematiska konsten 47

Dödsdans och likfärder i konsten 52

På besök i van Goghs värld 57

Den tidiga datakonsten 61

Den självförstörande konsten 68

Bloggar på avigan och twitterkonst 73

Bland stackmoln och svampmoln 82

Kannibaler, antropofager och köttätande konstnärer 88

Isklockan klämtar för klimatet 97

Månmuseet och andra konstverk i omloppsbana 101

Hunden som bet tillbaka

"Får man ta hunden med sej in i himlen / Han är snäll och han har vart en riktig vän / Han e klok o fin o skatten e betald / Får man det du speleman då blir jag glad". Lika go och mysig som Hasse Anderssons *Änglahunden* framstår hunden i konsthistorien, eller är det egentligen en ulv i fårakläder?

Innan alla gulliga och roliga kattvideos tog över på internet så var hunden det sällskapsdjur som stod i fokus i bildvärlden. Hunden var symbolen för trohet, lojalitet och vaksamhet, den var helt enkelt människans bästa vän. Den användes för jakt, som vakthund och som sällskapsdjur.

I Jan van Eycks berömda målning *Makarna Arnolfinis trolovning* (1434) ser vi det trolovade paret som står mitt i rummet och hålla varandras hand. På golvet mellan mannen och kvinnan finns en söt liten hund som ett tecken på deras nyligen knutna band av trohet och lojalitet. Även i Hendrick Munnichhovens målning av den svenska greven *Magnus Gabriel De la Gardie med makan Maria Eufrosyne* (1653) ligger en liten vit knähund i det vänstra hörnet av målningen som ett tecken på deras trohet gentemot varandra.

Det finns i konsthistorien många adelsfröknar och damer som avbildats med sin lila sötnos i knäet. Jean Honoré Fragonards målning *Kvinna med hund* (1769) visar till exempel en adelskvinna med pärlor och broscher som håller upp en liten vit knähund med ett blått sidenband med rosett som koppel. Fragonard har även gjort några sängkammarmotiv med erotiska undertoner där han låter halvnakna unga flickor leka med sin hund bland sängens dunbolster. En till synes oskyldig lek som har voyeuristiska undertoner för den manliga blicken.

Även i Francois Bouchers målning *Diana badar* (1742) finns det en erotisk stämning i motivet. Diana som är jaktens gudinna sitter naken bredvid sin väninna i skogen efter ett bad. På marken ligger hennes pilkoger och några fällda fåglar som hon nyss skjutit. I bilden bakgrund skymtar man Dianas jakthundar. Jaktscener med hundar finns det gott om i konsthistorien som Paolo Uccellos jaktscen från 1470 med ett stort jaktsällskap utanför en skog med ett myller av hästar, hundar och jägare. Inte helt olikt bilden av någon av de otaliga brittiska målningarna från 1800-talet av rävjakt. Målningar där man ser hästar med ryttare iklädda de karaktäristiska röda jackorna och en svans av ivriga jakthundar som följer hästarna tätt i hälarna. Societeten i England och i övriga Europa var mån om sina jakthundar som i vissa fall behandlades bättre än deras tjänare. Det var därför inte ovanligt att duktiga jakthundar eller andra trogna hundmedlemmar kunde få sina egna porträtt målade.

Den brittiska konstnären Sir Edwin Henry Landseer målade en hel del djur som hästar och hundar under sin livstid. Han har bland annat gjort en tavla som visar En av *Prins Alberts favorit greyhound* från 1841. Landseer har också målat av Bob, en stor hund i stil med Leonberger med vit kropp och med svart huvud som var en framstående medlem i Royal Humane Society, som är det brittiska livräddningssällskapet. Bob räddade drygt tjugo människor från att drunkna under sin livstid vilket gjorde han förtjänade att få sitt porträtt i olja.

Det finns som bekant katt och hundmänniskor. Det gäller även inom konstnärskåren. Konstnären Gustave Courbet var en hundmänniska. I *Självporträtt med svart hund* (1844) har han avbildat sig själv när han stannat upp på en promenad och sitter vid en klippa med sin hund. Filosofen Diogenes var också alltid omgiven av hundar. Det finns många målningar med den cyniska filosofen, som bodde i en tunna, med ett par hundar som sitter utanför och väntar. Ordet cynism härstammar från det grekiska ordet kynos som betyder hund. Diogenes beskrevs som hundlik av sin samtid och därför finns nästan alltid hundar avbildade i hans närhet.

För någon som är intresserad av avel och genetik utgör konsthistorien också en bra källa för att se hur olika hundraser har förädlats, eller i vissa fall sönderavlats genom århundranden. Ett sådant exempel är hundrasen bulldogg. Om man tittar på Philip Reinagles målning av en *bulldogg* från 1790 och jämför det med en bild av en bulldogg idag är det som två olika raser. På Reinagles tid hade hunden fortfarande långa raka ben, en smärtare kropp och längre nos. Dagens bulldogg är mer kompakt på alla håll och kanter.

En bulldogg återfinns också i en av de mest kända och reproducerade hundbilderna i konsten. Det var i slutet av 1800-talet som ett cigarettföretag beställde en serie på sexton målningar som föreställde olika hundraser som sitter och spelar poker, röker och dricker som människor. Bilderna fick stor spridning i USA och kan jämföras med svenska hötorgsmotiv som gråtande barn eller fiskegubbe som förr hängde i var och vartannat hem som väggdekoration.

Hur ser det ut med hunden i den moderna och samtida konsten? Ser man på William Wegmans fotografier av sina egna hundar av rasen Weimaraner eller Jeff Koons stora ballonghundar i rostfritt stål från slutet av 1990-talet så verkar hunden fortfarande vara ett ganska sött och ofarligt motiv. Inte ens Keith Harings knallröda skällande hund eller Staffans Hallströms målningar *Ingen hundar* från mitten av 1960-talet, som ändå kan tolkas som en bild av utsatthet och övergivenhet skapar några större orosmoment i konsthistorien. Det är ett intryck som förstärks ytterligare av utställningen *Hög svansföring – Hunden i konsten* som visades vintern 2015 på Södertälje konsthall. Här kunde besökaren möta flera olika konstverk med hundar som Karin Broos hundporträttserie *Watching dogs*, Lenny Clarhälls träskulptur *Hallunda* från 1976 med en kvinna framför ett höghus med två bastanta schäfrar som vaktar henne, eller Hans Eliasson målning *Nellie och änglarna* som är en parafras på Hugo Simbergs målning *Den sårade ängeln* från 1903. Eliasson målning visar hur två änglar bär en hund som sitter på en träbår. Målningen berättar om förlusten av en kär vän och konstnären frågar sig kanske, precis som Hasse Andersson, om man får ta med sig hunden in i himlen.

Trots denna idylliska bild hände något för ett par år sedan som dramatiskt kom att förändra vår syn på hunden i konsten. Det hela började 2006 med att konstnären Stina Opitz fick i uppdrag att utsmycka en rondell i Linköping och placerade då en betonghund på platsen. Hunden blev vandaliserad och förstörd men ersattes inom kort av en hemmasnickrad plywoodhund av några amatörkonstnärer. Det blev startskottet för rondellhunden som sedan snabbt spred sig runt om i Sverige. Hur många rondellhundar som har placerats ut i Sverige vet nog ingen och det hela hade väl ebbat ut i historiens periferi som många andra trender om inte konstnären Lars Vilks hade intresserat sig för fenomenet.

Vilks som är van att bygga stora träskulpturer som *Nimis* och *Arx* i Kullaberg beslöt sig sommaren 2007 att tillsammans med elever från Trelleborg uppföra det som skulle bli Sveriges största Rondellhund. Historien kunde nu ha slutat där om inte Vilks hösten 2007 kom på idén att kombinera rondellhunden med profeten Muhammeds huvud i en teckning. Och här sker en ordentlig kulturkrock som förmodligen kommer att påverka vår syn på hunden i konsten för all framtiden. För islam är hunden ett orent djur, som trogen muslim får man inte ens äga en hund, medan vi i västvärlden ser hunden som vår bäst vän och gärna låter den slicka oss i ansiktet och sova i våra sängar. Enligt fundamentala tolkningar i islam får man inte heller avbilda profeten eller människor så kombinationen av hund och profeten i en karikatyr fick Vilks rondellhund att bita tillbaka och som en rabiessmittad byracka sprida en hatvåg över världen med stora politiska konsekvenser. Vilks har dödshotats och vid flera tillfällen utsatts för mordförsök för sina hundteckningar. Man kan påstå att Vilks med sina teckningar inte bara prövade gränsen för yttrandefriheten och den konstnärliga friheten utan samtidigt kom att förändra vår syn på hunden i konsten.

Man ska kanske inte låta Vilks bära hela hundhuvudet utan det finns andra konstnärer som också bitit tillbaka och förändrat vår syn på hunden i konsten. När Malmö konsthall invigdes 1975 dök konstnären Kjartan Slettemark upp som en skällande pudel. Upprinnelsen till hans hundperformance lär ha varit ett brev från Arbetsförmedlingen med uppmaning att uppsöka deras kundmottagning vilket Slettemark tolkade som hundmottagning. För att kunna besöka hundmottagningen sydde Slettemark upp en pudelkostym som han sedan använde vid olika tillfällen. Förutom vid invigningen av Malmö konsthall dök han upp vid en visning på Moderna Museet som pudel och bet konstkritikern Olle Granath i foten.

En annan aggressiv människohund hittar man i konstnärens Oleg Kuliks performance *Den galna hunden eller Det sista tabut bevakat av Cerberus* som visades på Färgfabriken i Stockholm 1996. Vid invigningen sprang konstnären naken omkring med en kedja runt halsen och bet en av åskådarna i låret vilket ledde till en polisanmälan.

Slettemark, Vilks och Kulik är tre exempel på konstnärer som de senaste decennierna förändrat vår syn på hunden i konsten. Hunden är inte längre bara ett sött sällskapsdjur, en jaktkompis, människans bästa vän, eller en folklig skulptur i en rondell, utan den har också visat sig kunna vara en oberäknelig kamphund som när som helst kan förvandlas till en bindgalen mardröm vid namn Cujo.

Konstnärer som skiter i konsten

I dagens samhälle betraktas avföring som något äckligt och tabubelagt. En toalett ska helst vara gnistrande ren utan minsta spår av tidigare aktivitet. Maurizio Cattelans 18-karats guldtoalett på Guggenheim museum uppfyller kraven med råge. Det är ett inte bara ett konstverk att titta på utan också en fullt funktionell toalett att sitta på. Titeln *Amerika* har en mångbottnad betydelse. Man kan tolka det som att trots att Amerika är en rik nation gjord av guld så innehåller den en massa skit, eller som ett utslag av den amerikanska drömmen att även vanliga människor kan bli snuskigt rika och installera en guldtoalett i badrummet. För många blir det nu bara en dröm och den enda chansen att sitta på en guldtron är den som ges på Guggenheim. Cattelan menar att hans verk också speglar en demokratisk aspekt i det amerikanska samhället för oavsett om du äter en lunch för tvåhundra dollar eller en varmkorv för två dollar blir resultatet detsamma när du sätter dig på toaletten. Det går inte heller att bortse från en historisk konstreferens på toalettområdet nämligen Marcel Duchamps ready-made *Fountain* (1917), där Duchamp ställde ut en urinoar. Det ska kanske tilläggas att det inte var meningen att Duchamps konstverk skulle användas till skillnad från Cattelans toalett.

I äldre tider hade vi en mer öppen attityd till avföring. Romarna hade stora offentliga utedass där man kunde sitta och diskutera med sina grannar och andra bekanta medan man gjorde morgontoalett. Under många sekel saknades avlopp i Europas städer så man tömde sina pottor i rännstenen. Det ledde förstås till att många sjukdomar spreds i staden men samtidigt var avföringen ett viktigt sätt för läkare att ta reda på hur patienten mådde. Det fanns också en tro i läkekonsten att träckmedicin kunde bota olika åkommor. Att olika dekokter av bajs kunde fördriva det onda i kroppen och göra patienten frisk igen. Det var naturligtvis både äckligt och helt verkningslöst i de flesta fall. Tanken på att äta avföring från olika djur för att bota till exempel diarré var dock inte så galet som det låter.

Modern forskning har visat att många patienter med svåra diarréer eller andra magproblem kan hjälpas med donation av avföring från en annan människa. Nu är det förstås inte avföringen som är det viktiga i sammanhanget utan den tarmflora som donatorn har som kan överföras till den sjuka patienten. I framtiden hoppas forskarna kunna samla bakterierna ur tarmfloran i tablettform som man kan svälja (istället för att införas bakterierna via den anala vägen), vilket inte låter helt olikt de behandlingar som läkaren Kristian Frantz Paullini förordade i sin populära bok om träckmedicin från 1696.

Eftersom avföring har blivit ett tabubelagt området så har naturligtvis en hel del konstnärer som Catteland intresserat sig för ämnet och utmanat våra tabun och sociala konventioner kring våra toalettbesök. Till ett av de mest kända verken av skitkonst kan man räkna Piero Manzonis som 1961 tillverkade 90 stycken konservburkar med etiketten "Merda d'Artista", det vill säga konstnärens skit. Manzoni hade fyllt varje konservburk med 30 gram avföring. Priset på en konservburk var baserat på dåtidens guldpris, så hans avföring var lika värdefull som guld. Man anar att Cattelan förutom Duchamp också hämtat inspiration från sin italienska kollega när han skapade sin guldtoalett på Guggenheim.

Henri de Toulouse-Lautrec som är känd för sin affischkonst och målningar av det intensiva nöjeslivet kring Moulin Rouge har även han fångats med byxorna nere. Det var galleristen och vännen Maurice Joyant som 1898 tog några foton av konstnären som uträttade nummer två nere på stranden Le Crotoy i Picardie. Det hela kan naturligtvis avfärdas som en fyllegrej eller varför inte ses som en tidigare föregångare till samtida performance konst? Oavsett så kommer det under modernismen att växa fram ett intresse hos konstnärer att utforska avföringens konstnärliga kvaliteter.

Den amerikanska konstnären Paul McCarthy anses av vissa som kontroversiell eftersom han intresserar sig för att visa upp kroppens innehåll som blod, sperma och avföring i olika performanceverk. McCarthy arbetar dock med substitut som ketchup, majonnäs och choklad istället för den verkliga varan. Han har också gjort aluminiumskulpturer som *Fake Sh*t* (1982) som ser ut som små högar med bajs. I verket *Complex Sh*t* från 2008 har han tänkt i betydligt större banor. Här tillverkade han uppblåsbara bajskorvar stora som hus som han sedan placerade på marken utomhus.

Även fotografen Andres Serrano upplevs av många som provocerande. Hans fotografi *Piss Christ* med ett krucifix nedsänkt i urin väckte en hel del rabalder när det visades för första gången 1987. När Serranos visade fotografier av 66 avföringshögar från 66 olika djur på ett galleri 2008 hade nog de flesta vant sig vid hans chock-konst och det väckte inte så stor uppmärksamhet. Som konstnär är det alltid enklast att gå till sig själv, ska man göra ett porträtt så finns det egna ansiktet nära till hands och ska man fotografer avföring så är det en bra idé att börja med sin egen. Det var också vad Serrano gjorde, däremot visade det sig vara mer komplicerat att hitta avföring från andra mer exotiska djur. Vilket ledde till hel del resor runt om i världen. Fotografierna i hans avföringsserie har fått talande titlar som *Romantic Sh*t, Jaguar Sh*t, Deep Sh*t* och *Bull Sh*t*.

Odd Nedrum får man också anse som kontroversiell inom konstvärlden. Den norska målaren är inspirerad av de gamla mästarna som Caravaggio och Rembrandt och föraktar modernismens uttryck. Men hans klassiska bildning och vördnad för de gamla mästarna hindrar inte honom från att också göra en skitmålning. *Shit-rock* från 2001 visat tre nakna kvinnor som sitter på huk vid en spegelblank sjö med ryggen mot betraktaren och skiter. I konsthistorien brukar tre nakna kvinnor symbolisera de tre gracerna som under historien avbildats i både skulptur och måleri av mästare som Sandro Botticello och Antonio Canova. Det är som Nedrums muser vänder konstvärlden ryggen och bokstavligen skiter i dagens moderna konstsyn och kritiker.

Även om de flesta anser att ett toalettbesök är något väldigt privat och avskilt som brukar man prata om offentliga toaletter. Konstnären Lisa Levy tolkade begreppet offentlig bokstavligen i sin performance *The Artist Is Humbly Present*. Under en helg satt hon naken några timmar på en toalett i Bushwick konstgalleri i New York. Besökaren kunde göra henne sällskap genom att sätta sig på en toalett mitt emot henne. Hennes performance var en parodi på Marina Abramovic kända performance *The Artist Is Present* från 2010 på MOMA. Levys performance får man se som ett uttryck för konstnärens självdistans och en gliring till andra konstnärer som tar sig själva på lite för stort allvar. På så vis påminner Levys verk om Odd Nedrums bajsande gracer med sin kritiska udd mot samtidskonstens konstsyn.

Att använda avföring i sin konst upplevs ofta som chockerande och stötande. På samma sätt kan människor bli upprörda och provocerade om någon vanhedrar deras lands flagga, vilket i många länder dessutom är olagligt. När man då som de israeliska konstnärerna Natali Cohen och Jasmin Wagner i filmen *Shit Instead of Blood* kombinerar dessa två saker och skiter på olika länders flaggor, däribland Israels, så kan det bara sluta på ett sätt, men en folkstorm och ett åtal.

Videon som är NSFW är ganska äcklig och lämnar en hel del att önska ur ett konstnärligt perspektiv. I filmen bajsar konstnärerna helt enkelt på olika flaggor som det lagt ut på badrumsgolvet och man undrar om de verkligen är nyktra. Någon större kontext eller konstnärlig idé bakom är svårt att se. Det är ungefär lika igenomtänkt som när Henri de Toulouse-Lautrec satte sig på huk på en strand i Frankrike och uträttade sina behov. Syftet verkar främst vara att chockera och provocera, vilket man förstås lyckas med. Man kan förstås säga att Cattelan egentligen gör samma sak fast på ett mycket mer sublimt sätt då han låter besökarna sätta sig på en guldtoalett på Guggenheim museet och skita i Amerika.

Pierre Brassau och andra apkonster

Det var något speciellt med den franska avantgardisten Pierre Brassaus konst som lockade besökarna och kritikerna till utställningen på Gallerie Christinae i Göteborg i februari 1964. Konstnärens abstrakta och starka uttryck stack ut från de övriga utställarna och Göteborgs Postens konstkritiker skrev nästan lyriskt att: "Pierre Brassau breder på med kraftiga tag men också med klar beräkning, man skulle vilja säga att hans penseldrag vrider sig med en vildsint kräsenhet på duken."

Vildsintheten hörde förmodligen ihop med Brassaus djuriska konstnärssjäl. För Pierre Brassau hette egentligen Peter och var en schimpans som bodde på Borås djurpark. Hela konceptet med den nya franska konstnären var en bluff iscensatt av galleristen Yngve Funkegård och journalisten Åke "Dacke" Axelsson som ville avslöja konstvärldens "kejsare utan kläder".

Nu ska man inte avfärda ett konstverk bara för att det är gjort av en apa. Apan är trots allt vår närmaste släkting och deras förmåga till estetisk upplevelse och konstnärliga ådra har inte fullt utforskats. Det finns dock en del fördomar om apornas konstnärliga smak och därför har en del konstnärer påstått att deras kollegor målar som apor eller att konstkritikernas smaksinne är att jämföras med en apas.

Den franska konstnären Alexandre-Gabriel Decamps målade 1837 en tavla med den ironiska titeln *Experterna*. Målningen visar hur fyra apor klädda som människor står och betraktar en stor oljemålning av ett landskap på ett staffli i en konstnärsateljé. På golvet ligger en bok uppslagen som berättar hur mycket deras expertkunskaper kostar. Man kan anta att Decamps inte hade speciellt mycket över för dessa "experter", det vill säga den franska akademiens konstjury som tidigare hade refuserat flera av hans tavlor.

Decamp reste mycket i österlandet och var en av dem som introducerade orientalismen i den franska konsten. Förutom kameler och åsnor var han också intresserad av att måla apor. Han har gjort ett par målningar i samma stil som *Experterna* där vi ser apor som står framför staffliet och målar eller musicerar med luta eller fiol. Man kan anta att det inte bara var konstkritikerna som Decamp ogillade utan att det även fanns en del kollegor vars konstutövning inte föll honom i smaken.

I konsthistorien återkommer apan på flera ställen som en satirisk nidbild av människan. När Jean-Baptiste Siméon Chardin skapar *Apkonstnären* (ca.1740) eller David Teniers d.y *Apskulptören* (1660) är det för att driva med konstnärer som bara härmar, apar efter och gör sig märkvärdig utan att kunna förlita sig på egen talang. Även fast apan i målningen är klädd i människokläder och hugger en marmorskulptur eller målar en tavla så är det fortfarande bara ett djur och ingen konstnär.

Apan är någon vi drivit med och skrattar åt i historien. Det är en föreställning som levt kvar långt in i modern tid med cirkusapor eller andra apor utklädda till människor som röker, dricker, sitter vid datorn, cyklar och försöker vara som oss människor. Pablo Picasso har i en av sina cirkusmålningar från 1905 målat av en akrobatfamilj, med mamma, pappa, barn och en apa som sitter på golvet och tittar på. Apan är en del av familjen, men som ett husdjur får den hålla sig på golvet och lite vid sidan om.

Det var under 1600-talet som apan började dyka upp som ett exotiskt sällskapsdjur. Rosalba Carrieras målning från 1721 av en ung hovfröken som håller en liten apa i famnen är en ganska typisk bild av hur små apor blev sällskapsdjur till de rika i Europa. Ofta kläddes aporna upp i frack och hatt eller klänning för att likna små människor. I Edwin Henry Landseers målning om den beresta apan från 1827 ser vi en välklädd apa i röd rock, vitt krås, svart hatt och spatserkäpp som står upprätt och betraktar några av sina släktingar, de vanliga aporna i djungeln som varken har rest runt i världen eller som har upplevt civilisationen. Även om apan under 1600-talet sågs som ett exotiskt husdjur i de europiska hoven, så fanns det en tanke om att kunna civilisera och uppfostra vår vilda släkting.

Med tiden skaffade även vanliga människor apor som husdjur eller så användes de i underhållningsindustrin som i den kända barnvisan *Veva, veva positiv*: "Spelman har en apa med, / som är bunden med en ked. / Apan heter Jocko, /kommer från Marocko". Idag är det förbjudet att hålla apor som husdjur i Sverige, enda undantaget är väl Pippi Långstrump som fortfarande får behålla sin Herr Nilsson.

Ambitionen att civilisera och lära apor nya saker finns än idag. Idag handlar det inte om att de ska lära sig cykla eller göra andra apkonster utan mer om att kunna kommunicera med människor till exempel genom teckenspråk. I filmerna *Apornas planet* har vi människor lyckats över förväntan med att göra aporna smartare. De har blivit så smarta att de nu tagit över världen och förslavat oss människor. Det omvända gäller alltså i filmens framtid. Vi människor är exotiska djur som man håller som husdjur och tränar för att göra roliga konster. Aporna är de sofistikerade och civiliserade medan vi är de dumma och illaluktande.

I Kina ser man däremot med respekt på apan. Apan har en stark och viktig roll i den kinesiska kulturen. I år, 2016, är det dessutom apans år enligt den kinesiska månkalendern. Det har man uppmärksammat på Met Museum i New York med en liten utställning med äldre kinesiska föremål. Utställningen *Monkey Business* visar upp ett par konstföremål i jade, porslin och glas. Den kinesiska konsten hyser dock en betydligt större respekt och vördnad för apan än vi i västvärlden. Bara att kalla utställningen för *Monkey Business*, som är slang för att slösa bort sin tid på ett dumdristigt projekt, visar ganska tydligt att vi i västvärlden fortfarande betraktar apan som den dumma och lustiga kusinen från landet.

Den trådlösa konsten

I fotografiets barndom, när tekniken ännu inte var fulländad, uppstod ibland tekniska fel på kameror och film som gjorde att när filmen framkallades i mörkrummen så upptäckte fotografen att det fanns saker på bilderna som inte borde vara där. En vålnad eller ett spöke trädde fram på bilden, som om fotografen av misstag lyckats fångat ett väsen från en osynlig dimension. Dubbelexponering, skuggbildning eller helt enkelt mänsklig bildmanipulation låg bakom dessa märkliga spökbilder. Det finns idag en hel subkultur kring spökfotografering på internet. För även idag kan våra avancerade digitala kameror drabbas av mjukvarubuggar som skapar spökfotografier som sprids på nätet, men i de flesta fall, precis som förr i tiden, är de flesta spökfotografierna resultatet av mänsklig manipulation.

Även inom aurafotografering föreställer man sig att kameran kan avslöja osynliga fält och budskap. En avfotograferad färggloria sägs kunna avslöja din själs innersta och sanna väsen. Andefotografering och aurafotografering kan man avfärda som vidskepelse, men i vår moderna värld finns det gott om osynlig information runt omkring oss som med rätt teknik kan avslöjas och frambesvärjas. Jag tänker så klart på hotspots, platser där du kan koppla upp dig på trådlösa nätverk. Tänk att du sitter på ett café med fri Wifi och all den information i form av bilder, videos och samtal som genomkorsar rummet utan att du kan se det. Men med rätt utrustning kan du avlyssna dessa signaler och ta del av en osynlig värld som finns runt omkring dig.

I början av 2011 presenterade Timo Arnall, Jørn Knutsen och Einar Sneve Martinussen vid Oslos arkitekturhögskola projektet *Lightpainting WiFi*. De tre studenterna hade byggt en lång mätpinne med lampor och en sensor som kunde fånga upp trådlösa nätverk i stadsrummet. Vid en svag signal tändes bara några lampor, men desto högre styrka på nätverket desto fler lampor tändes på mätpinnen. När de vandrade runt i staden så fångades deras vandring med hjälp av en kamera med lång exponering så det skapades en film där man ser ett spår av ljus i stadsrummet som avslöjar det osynliga landskapet av signaler.

Luis Hernan, en annan arkitekturstudent vid Newcastles universitet inspirerades av *Lightpainting WiFi* när han skapade *Digital Ethereal*. I projektet har han fotograferat den osynliga digitala världen som finns runt omkring oss. Hernans fotografier är ögonblicksbilder som avslöjar färggranna virvlar och krökningar i rummet. Det ser ut som mystiska magnetfält från en annan dimension. En röd färg indikerar en stark signal medan en blå en svag. Skulle man ha visat dessa fotografier för människor i slutet av 1800-talet så skulle de nog kalla de spöklika och ett bevis på att det finns väsen från andra världar mitt bland oss. Hernan kallar själv sina fotografier för uppenbarelser eftersom det påminner honom om just spöken.

Antalet trådlösa nätverk ökar hela tiden och konstnärsduon Varvara Guljajeva & Mar Canet gjorde ett försök att sammanställa en del av dem i verket *WiFipedia*. *WiFipedia* är helt enkelt ett uppslagsverk med WiFi nätverk. Konstnärerna cyklade och gick genom Tallinn under sommaren 2015 med en sensor som registrerade alla nätverk som de stötte på. Resultatet blev en förteckning med 23 893 olika nätverk som sammanställdes i en bok som ingick i en utställning tillsammans med cykeln de använde. Förutom att nätverken förmedlar information så förmedlar själva nätverksnamnet också en del information. Många väljer att skapa ett personligt namn på sitt nätverk istället för den förinställda mer anonyma bokstavskombinationen.

Nätverksnamnet kan fungera som ett personligt statement som grannar och andra i närheten kan ta del av. Varvara Guljajeva & Mar Canet liknar nätverksnamnen vid en tweet på 32 tecken eller en form av graffititag. Ofta har valet av nätverksnamn en tydlig markering om att det här är ett privat nätverk som: "NoWiFiForYou", "GetYourOwnNetBro" eller "MiddleFingerStuckOnFuck". De tre exemplen tillsammans med en del andra innovativa nätverksnamn sammanställdes efter utställningen på T-shirts som man kunde köpa.

Om du går vilse i skogen så kan du däremot nästan vara säker på att du inte hittar en uppkoppling eller en WiFi-anslutning när du väl behöver en. Men om du går vilse i den tyska regionen Neuenkirschen har du kanske tur och snubblar över konstnären Aram Bartholls konstverk *Keepalive*. Det är en skulptur som består av en sten. Om du lyckas tända en eld vid stenen så kommer energin från värmen att starta en WiFi-router inne i stenen som du kan koppla upp dig mot. Du kan visserligen inte skicka ett nödmeddelande, eftersom routern inte är uppkopplad mot internet, men du får tillgång till en hög med PDF-filer med olika överlevandsmanualer som kanske kan rädda ditt liv.

Argumented reality (förstärkt verklighet på svenska) är en annan teknik som används för att avslöja en dold verklighet. Det kan fungera så att du håller upp din mobilkamera mot en gågata och då får fram information om vilka affärer och restauranger som finns längs gatan, med deras öppettider, specialerbjudanden och menyer. På verkligheten läggs ett extra filter av information som inte är synlig när du bara tittar på gatan med dina vanliga ögon.

Spelet *Pokemon Go* är ett av de senaste exemplen på argumented reality som fått stort genomslag. I *Pokemon Go* ska man helt enkelt samla olika Pokemon-figurer genom att leta rätt på dem i landskapet. Man kan sedan träna och strida med dem mot andra spelare. Om man idag ser yngre människor som vandrar omkring med näsan i sin mobil så letar de förmodligen efter Pokemons.

Den syriska konstnären Khaled Akil har använt sig av uppmärksamhetens kring *Pokemon Go* för att skapa ett verk som flyttar fokus till krigets Syrien. I ett antal bildcollage har han använt fotografier från nyhetsbyrån AFP med barn som leker i den sönderbombade staden Aleppo och i bilden placerat in färgglada Pokemonfigurer. Bilden avslöjar plötsligt en annan verklighet. En värld där föräldrar bli glada att deras barn äntligen går utomhus för att leta Pokemons istället för att sitta inne vid datorn hela dagen, medan föräldrarna i Aleppo blir glada om deras barn som leker i ruinerna överlever dagen. Akil har i bilderna lagt ett nytt filter över verkligheten och gett oss en inblick i en annan värld som är dold för ögat och till synes ouppnåelig för barnen i Syrien.

Richard Kriesche österrikisk New Media Art pionjär

Richard Kriesche tillhör en av pionjärerna inom New Media Art i Österrike. Han har varit verksam sedan 1960-talet och deltagit på flera av Venedig biennalerna och på Documenta i Kassel. År 2013 lyckade Universalmuseum Joanneum förvärva runt 60 stycken av hans konstverk från 1960-talet till idag tillsammans med skisser och arkivmaterial. I utställningen "Media block" presenteras samlingen för första gången för allmänheten på Neue Galerie i Graz.

Det första man möter i utställningen är verk som kronologiskt är långt ifrån varandra men som innehållsmässigt bygger på samma princip. I början av 1960-talet intresserade sig Kriesche för sifferkoder, proportioner och färger i olika abstrakta bilder i sitt konstnärskap. I det nyare verket *Genspur* från 2001 har han fortsatt med samma färger men med andra koder och undersöker fragment av två av sina egna gener som heter F2 och F5. Dessa gener har att göra med blodets möjlighet att koagulera. När man översätter en gensekvens så använder man bokstäverna A, C, T och G. Kriesche har i en serie tavlor använt sig av bokstäverna och färgkoderna för att skapa en form av självporträtt med hjälp av sina egna genfragment. En tavla består av genens bokstavskombination med svarta bokstäver, i nästa tavla har varje bokstav fått en egen färg (blå, röd, gul och svart), sedan ersätts bokstäverna av fyrkantiga färgfält, därefter sorteras färgerna så man får fyra olika färgfält på samma tavla, färgfälten mixas slutligen så vi får en tavla med en ljusrosa färg.

Intresset för ny teknik har i många fall varit drivkraften för Kriesche konstnärskap. Redan 1986 gjorde han verket *Robotics – ein weltmodell* till Venedig Biennalen. I installationen använder han sig av två små industrirobotar. Medan den ena roboten utför en rörelse är den andra stilla och tittar på. Robot 1:s rörelsemönster avslutas med att den slår till en brytare som startar Robot 2 som nu utför sina rörelser medan den andra roboten är stilla och tittar på. Hela proceduren upprepas i evighet med att den ena roboten gör sina rörelser och avslutar med att starta den andra roboten innan den själv stannar. För Kriesche handlar verket om att gestalta arbete kontra nöje och konstruktion kontra dekonstruktion.

Kriesche har många gånger varit tidigt ute med att utnyttja nya tekniska möjligheter. I verket *W.Y.S.I.W.Y.G. Satellitfesten* från 1989 samlade han innevånarna i den österrikiska byn Gröbming till en fest ute på ett fält. Längs kanterna på en stor vit duk på 400m^2 dukade man upp bord med mat. Den vita fyrkanten var en anspelning på den ryska konstnären Kasimir Malevitchs målning *Vit fyrkant på vit bakgrund* från 1915 men det var också den minsta föremål som den franska satelliten, som fotade festen, kunde registrera från rymden. Idag är vi vana att använda karttjänster som Google Map med möjlighet att zooma ner på detaljnivå i landskapet men 1989 var tillgången till satellitbilder begränsad och upplösningen ganska dålig. I utställningen ser man först ett flygfoto med den vita kvadraten som sedan zoomas ut, där nästa bild bara är en otydlig pixlad bild med stora kvadrater. Det är först den sista bilden i serien som påminner om en satellitbild tagen från hög höjd.

Kriesche hör också till en av de få konstnärer som skapat konst som visats i rymden. 1991 genomförde han en TV-sändning till den ryska rymdstationen MIR med en bild av sin hand. Bilden mottogs av den österrikiske kosmonauten Franz Viehböck och eftersom MIR vid tillfället låg I omloppsbana över Graz kunde Viehböck skicka ett radiomeddelande som svar på Kriesche sändning.

Det är inte bara ny teknik som intresserar Kriesche utan han har även gjort en del socialpolitiska konstverk och verk i dialog med åskådaren. 1971 genomförde Kriesche på ett galleri i London en performance med namnet *Artspectrum – the polaroid space*. På väggen i galleriet fanns en fyrkant markerad med svart tejp. Inne i fyrkanten fanns en stol och ett bord monterade på väggen där konstnären satt. På gallerigolvet fanns också en fyrkant markerad och när en besökare gick in markeringen så tog konstnären ett foto med sin polaroidkamera. Fotot sattes sedan upp på väggen och blev en del av konstverket. På så sätt blev besökarna betraktade av konstnären och en del av konstverket istället, för som är mer vanligt, att besökarna bara betrakta konsten. Bland de många poloraidbilderna på väggen upptäcker man John Lennon och Yoko Ono som besökte galleriet och också blev en del av verket. Verket är sin tur bevarat genom att det finns en scen i John Lennons film *Imagine* när han och Yoko Ono besöker galleriet och blir fotograferade av Kriesche.

Media block är en väldigt spännande utställning som fångar upp mycket av den tidiga mediakonstens utryck och idéer. Den ger en bra historisk bakgrund och den är dessutom ganska roande. Ta bara det rebelliska verket *Waterloo bridge* från 1971 när Kriesche kopierade en skylt som myndigheterna i London satt upp vid bron som förbjuder människor att rita eller måla på bron. Kriesche gjorde 33 kopior av skylten som han sedan satte upp runt omkring originalet. Eller när han arbetar med att sammanfoga olika verkligheter i *Tvilling* från 1977. Två tvillingar filmas när de befinner sig i olika rum med exakt samma interiör när de synkroniserat läser ur Walter Benjamins bok "Art in the age of mechanical reproduction". I varje rum finns också en TV-monitor som visar den andra tvillingens framförande. Man kan tro att det rör sig om kopior när det egentligen är två original som visas på TV.

Virveln i konsten

Mitt på golvet i galleriet snurrar vattenvirveln hypnotiserande runt, runt, runt, som en malström hotar den att dra ner besökaren i djupet. Konstnären Anish Kapoors installation *Descension* (2014) är visserligen inte lika stor och skrämmande som den malström som författaren Edgar Allan Poe beskriver i novellen *A Descent into the Maelström* från 1841, men den är ändå fascinerande och skrämmande på samma gång.

I Poes novell berättar en norsk fiskare från Lofoten hur han och hans bröder under en fisketur överraskas av en fruktansvärd orkan och sedan hamnar i en jättestor vattenvirvel ute på havet. De dras ner i virveln och hans bröder omkommer men den tredje brodern lyckas överleva genom att klänga sig fast vid en tunna. Under den fruktansvärda upplevelsen får han plötsligt en uppenbarelse och ser hur vacker och fantastisk detta naturens underverk är trots sina dödliga krafter. Han överlever men under en dag har han åldrats kraftigt, håret har blivit vitt och han är ett nervvrak.

Poes novell var inspirerad av Moskstraumen som är ett fenomen som uppstår utanför Lofoten i samband med kraftig ebb och flod. Ute på det öppna havet kan det skapas stora vattenvirvlar som kan vara en fara för båtar. Redan Olaus Magnus varnade på sin Carta Marina från 1539 för både sjöodjur och vattenvirvlar i havet utanför Norges kust så det verkar vara ett gammalt och känt naturfenomen. I Skottland i närheten av ön Jura finns Corryvreckan där det också uppstår en naturlig malström när den starka atlantströmmen passerar ett smalt sund mellan två öar med speciell bottentopografi.

Det är inte bara på havet som spiralformen kan dyka upp. Utan det är en form som funnits sedan tidernas begynnelse och som ständigt dyker upp i naturen. Från det kosmiska perspektivet med spiralgalaxer till snäckskalen på stranden, ormbunkens skott (och många andra växter som växer i spiraler) till fraktalernas mikrokosmiska spiralkompositioner. I många fall är dessa naturliga spiraler uppbyggda kring det gyllene snittet, en matematisk princip som också återkommer i kompositionen av många kända konstverk. Det är kanske inte så konstigt att människan sedan urminnes tider har fascinerats av virveln och spiralen. Det är en uråldrig symbol och en vanligt förekommande geometrisk figur som återfinns på förhistoriska grottmålningar och i naturfolkens bildvärld. På Brú na Bóinne i Irland som innehåller lämningar från människor som bodde på platsen för runt 6000 år sedan kan man hitta stenblock vid gravingångar fyllda med spiraler. Spiralerna återkommer också på stenar från Malta, Portugal och Amerika.

I samtidskonsten dyker också spiralen upp i olika sammanhang. Den mest kända är den amerikanska konstnären Robert Smithsons landskapsverk *Spiral Jetty*. Verket består av en stor spiral som sträcker sig ut från stranden i Great Salt Lake i Utah. Den består av stora stenar och byggdes i april 1970. Det är också ett verk som påverkas av tidvattnet, då högt vattenstånd får konstverket att försvinna under vattenytan och det är först när det blir lågvatten som den dyker upp igen.

En annan landskapskonstnär är Richard Long som liksom Smithson arbetat med stenar och spiraler i landskapet. I Sahara byggde Long 1988 upp en virvelvindsspiral av stenar som han hittade i landskapet, men generellt är Long mer intresserad av att bygga cirklar än spiraler i naturen. Cirkeln är till skillnad från spiralen sluten och ogenomtränglig medan en spiral är öppen och symboliskt kan tolkas som att den samlar in och fångar upp sin omgivning eller sprider ut den beroende på i vilken riktning man rör sig i spiralen.

Den brittiska skulptören Andy Goldsworthy har också skapat spiraler av stenar, men i det mindre formatet. 1985 gjorde han ett konstverk av brutna stenar repad av andra stenar vid den skottska gränsen. Verket består av en spiral av runda små stenar som har delats i mitten och där ovansidan har repats med hjälp av en annan sten. Stenarna bildar en spiral medan mittlinjen i de delade stenarna bildar en annan spiral. Goldsworthy har gjort flera olika konstverk ute i naturen av löv, stenar, grenar, med spiralliknande former. Det är som om han återupprepar former som man kan hitta i växtriket men använder andra naturliga material för att bygga upp dem.

Det är inte bara i naturen som virvelkonsten dyker upp utan man kan även hitta den på en vanlig husfasad. I hörnet av Ågatan och Norra Fogdelyckegatan i Karlshamn finns en stor blå virvel på väggen med en diameter på fyra meter. Det ser ut som om virveln är på väg att sluka hela fastigheten. Det offentliga konstverket heter *Virveln* och är skapat av konstnären Kristoffer Zetterstrand. Det invigdes 2016 och består av drygt 14000 kakelplattor från Italien. Zetterstrand har tidigare skapat mosaiker på offentliga byggnader som skolor och på nya Karolinska i Solna. Hans stil leder tankarna till den tidiga datakonsten med den kantiga och pixliga grafiken som de fyrkantiga kakelplattorna efterliknar. Man får nog hålla med berättaren i Poes novell att Zetterstrands malström trots sin skrämmande uppenbarelse är både vacker och fascinerande. Det är som virveln i sin enkla struktur återspeglar en inneboende upplevelse av skönhet som finns nedärvd i vår spiralformade DNA.

Skridskor och kolf under lilla istiden

Om inte vulkanen Tambora i Indonesien hade fått ett våldsamt utbrott 1815 hade kanske aldrig Mary Shelley skrivit romanen om Frankenstein. Vulkanutbrottet skapade ett askmoln som stängde ute solljuset så att år 1816 gick till historien som "året utan sommar". Temperaturen var ovanligt låg i Europa och tillsammans med det eviga regnandet blev resultatet missväxt och hungersnöd på många platser.

Instängd i en villa vid Genevesjön, som vännen Lord Byron hade hyrt, befann sig Mary medan regnet öste ner och solen lyste med sin frånvaro. Det var under denna annorlunda och stormiga sommar som idén om romanen Frankenstein föddes. Hade det varit en vanlig varm sommar hade Mary kanske promenerat ute i naturen kring Genevesjön och inte skrivit något mästerverk.

På samma sätt skulle man kunna hävda att om den lilla istiden inte hade drabbade Europa under 1600-talet då hade inte heller den holländska konstnären Hendrick Avercamp blivit känd för sina målningar av människor som åker skridskor på de holländska kanalerna. Vintrarna i början av 1600-talet var ovanlig kalla i Holland och kanalerna frös varje år. I dag är det mer sällsynt, man räknar att ungefär vart 20:e år kan man åka skridskor på kanalerna i Amsterdam.

Hendrick Avercamp föddes 1585 i Amsterdam och var från födseln stum och kanske även döv. Det finns ett motiv som dominerar hans konstnärskap nämligen ett myller av människor som åker skridskor, promenerar eller spelar kolf på de frusna kanalerna. Kolf är ingen felstavning av golf, utan snarare en föregångare till dagens populära spel. På målningen *Kolfspelare på isen* (ca.1625), ser man två fina herrar, lite väl lättklädda för vintern, som spelar kolf. Den ena förbereder ett utslag medan den andra står bredvid och lutar sig på sin klubba. Det fanns två sätt att spela kolf på: I det ena gällde det att träffa ett mål med bollen medan det andra handlade om att skjuta bollen så långt som möjligt.

Det finns historiska källor redan från 1297 som berättar om ett golfliknande spel där det gällde att med hjälp av en pinne och en läderboll slå minst antalet slag för att träffa ett mål flera hundra meter bort. Enligt historien har Nederländerna haft en framträdande roll att uppfinna golfen förmodligen till skottarnas förtret. Nu var kolf inte bara ett trevligt nöje, utan det kunde också vara en farlig sysselsättning. För det finns även nedteckningar om människor som blivit träffade av kolfbollar medan de befann sig på isen. Tittar man på en akvarell av Avercamp som *En scen på isen* (ca.1615) så ser man i förgrunden två män som spelar kolf, (kolf var tydligen ingen sport för kvinnor), där den ena förbereder sig för ett utslag. Framför mannen ligger isen fylld med ett myller av människor och om ingen blir träffad när han skjuter iväg bollen så är det ett rent under. Jag kan förstå att människor fick kolfbollar på sig om man spelade när isen var packad med människor som den nästan alltid är på Avercamps målningar.

Avercamps målningar visar ett genomsnitt av det holländska samhället. På hans målningar ser man barn, kvinnor och män ur olika samhällklasser som befinner sig ute på isen sysselsatta med olika aktiviteter som kolf, åka skridskor eller släde, promenera eller bedriva handel. Om kolf var något som, precis som idag, var förknippat med de högre klasserna så var skridskoåkning mer demokratiskt eftersom vem som helst kunde åka skridskor. Människor har åkt skridskor långt tillbaka i historien med det var holländarna som under 1300-talet kom på att skenorna skulle vara slipade och vassa. I Holland finns även helgonet Lidwina som vid 15 års ålder råkade ut för en skridskoolycka där hon bröt revbenen och blev sängliggande resten av sitt liv. Skridskoolyckan finns beskriven bland annat i ett träsnitt från 1498. Efter sin död blev Lidwina helgonförklarad och även skyddshelgon för skridskoåkarna i Holland. Att många åkte skridskor i Holland berodde på att när kanalerna frös till is på vintern så fungerade de som utmärkta vägar och här blev skridskor och slädar snabba transportmedel för att förflytta sig mellan städerna.

Det finns vetenskapliga bevis, som borrprover från glaciärer, på att 1600-talet var ovanligt kallt i Europa, men det finns också konsthistoriska bevis. Den amerikanska metrologen Hans Neuberger analyserade runt 12000 tavlor på amerikanska och europeiska museum från perioden 1400-1967 och kom fram till att det mellan 1600 och 1649 finns en större produktion av vintermotiv. Det är också under den här perioden som Avercamps skapar sina vintemålningar.

Det kalla klimatet ledde inte bara till ett uppsving för skridskoåkning, kolf och en massa konstverk med vintermotiv, utan fick även strategiska effekter i krig. För det var under den här perioden, närmare bestämt i början av 1658 som Karl X Gustav kunde tåga över isen på Lilla och Stora Bält med sin armé för att kriga mot danskarna. Ett mildare klimat hade grusat hela krigslisten och förmodligen skulle den svenska armén gått genom isen och drunknat. Tåget över Lilla och Stora bält och segern över danskarna har förevigats av Johan Philip Lemke som var bataljmålare. Det vil säga han var anställd av kungen för att dokumentera och förhärliga de svenska soldaterna på slagfältet. I tavlor som *Svenska trupper går över isen till Själland* från 1658 och *Karl X Gustav ser ut över isen* förevigas 1600-talets kalla vintrar och dess fördelar för den svenska armén.

Även 1677 var ett kallt år i Europa. Den holländska konstnären Abraham Hondius målade då av floden Thames i London som var helt frusen. På målningen klättra människor omkring på de höga isvallarna. Det finns också några som åker skridskor och en gentleman skjuter med ett gevär i luften, kanske han jagar fågel?

Den lilla istiden sammanfaller med den holländska guldåldern under 1600-talet. Holland var då en stormakt och konstnärer som Rembrandt, Franz Hals och Johannes Vermeer var verksamma. Rembrandt är inte direkt känd för sina landskapsmålningar och det finns bara en enda liten målning med vintermotiv av Rembrandt från 1646. Det man kan notera är att det inte finns någon snö på målningen, men isen på kanalen har frusit och i förgrunden ser det ut som människor som sitter och tar på sig skridskor. En förutsättning för att man ska kunna åka skridskor på isarna är att det är kallt men inte så mycket nederbörd. Av de målningar man kan hitta från den här tiden så är det vanligt med ett tunt snötäcke vilket skapar de perfekta förutsättningarna för skridskoåkning.

Det var kallt redan i mitten av 1500-talet i Holland. I Pieter Brueghels den äldres kända målning *Jägarna i snö* från 1565 ser man tre jägare med sina hundar som står upp på en kulle i målningens vänstra hörn. De ser ut över ett landskap med en liten by i en dal. Snön når jägarna till anklarna men det som är intressant är dammen och kanalen som ligger nere i dalen. Isen är nämligen spegelblank och man ser barn och vuxna som åker skridskor, kälke och som spelar curling på isen.

Den konstnär som främst har skildrar hur människorna upplevde de kalla vintrarna i Holland är ändå Hendrick Avercamp som i flertalet detaljrika målningar ha fångat hur 1600-tals människorna roade sig på isen och utnyttjade de kalla vintrarna på bästa sätt. Som i målningen *Vinterlandskap med skridskoåkare* (ca.1608). Hendrick Avercamp har fyllt målningen med ett myller av människor. Tittar man nog kan man hitta många spännande berättelser som nunnan som får hjälp att ta sig i land från den hala isen, mannen som kissar bakom trädet, familjen som åker häst och släde, mannen som ramlat i vattnet och de fyra herrarna som åker långdans med skridskor. Även dagens betraktare kan i Avercamps målningar hitta många vinternöjen och faror som vi fortfarande kan känna igen när vi beger oss ut på isarna.

Ryggtavlor i konsten

Den tyska romantikern Casper David Friedrich har ovanan att låta sina figurer vända betraktaren ryggen. Det mest kända exemplet hittar man i målningen *Två män betraktar månen* från 1820. Målningen finns i flera versionen och i en äldre version från 1835 är det en man och kvinna som står under ett träd och betraktar månen. Oavsett kön så vänder människorna betraktaren ryggen och så fortsätter det i målning efter målning: *Vandraren över dimhavet* (1818) ensam man står på berg och tittar ut över dimhavet med ryggen mot betraktaren, *Månsken över havet* (1822) man och två kvinnor sitter på en klippa och tittar ut över havet med ryggen mot betraktaren, *Två män vid havet* (1817) två herrar med ryggen mot betraktaren. Det är svårt att inte hitta en tavla av C.D. Friedrich där människorna inte vänder oss ryggen om man undantar rena porträttmålningar.

Det är nu inte för att vara oförskämd som människorna i Friedrichs tavlor vänder oss ryggen utan det vänder sig bort från civilisationen mot naturen. De står i enskildhet, inneslutna i sina egna tankar, i en kontemplativ pose och beundrar naturens storslagenhet. Det är helt enkelt i linje med de romantiska konstnärernas syn på människan och naturen. I den norska nationalromantiken kan man hitta många fler exempel. *Slindebirken* från 1839 räknas som ett av Thomas Fearnleys viktigaste verk och påminner mycket om C.D. Friedrichs målning *Två män betraktar månen*. I Fearnleys version är det skymning och på en kulle står en gigantisk björk. Björken fanns på gården Indre Slinde i Sogn i Norge och var 19 meter hög och 5 meter i omkrets. Den växte dramatiskt på en gravhög från 400-talet tills den blåste ner under en storm 1874. Under björken avtecknar sig på målningen två små ryggsilhuetter som betraktar vattnet och bergen framför dem. I Fearnleys målning *Landskap med vandringsman* (1830) gäller samma sak. En liten vandrare bredvid två stora träd som betraktar det storslagna landskapet framför honom. Den lilla människan med ryggen mot civilisationen som betraktar den storslagna naturen är ett återkommande motiv inom nationalromantiken.

Är det inte bergen man betraktar så är det istället havet. Den norska konstnären Eilif Peterssen har i målning *Paa utkikk* (1889) målat fem män som stirrar ut över havet. En man i gul rock sitter på en bänk vid strandkanten medan de andra fyra ligger ner i sanden och ser ut över havet medan vågorna sakta rullar in mot stranden. Vad det håller utkik efter kan man undra? Kanske ett skepp som ska avteckna sig mot horisonten? Det verkar i alla fall väldigt avslappnat och idylliskt.

För det mesta är det män som står ute i naturen och tittar bort mot horisonten. Kvinnorna står eller sitter istället inomhus framför ett fönster med ryggen mot betraktaren. De verkar längta ut till ljuset eller så sitter de och drömmer sig bort med en bok. I Salvadore Dalis målning *Flicka vid fönster* från 1925 lutar sig en flicka mot fönsterkarmen och ser drömmande ut genom det öppna fönstret på det glittrande vattnet utanför. C.D. Friedrich målning *Kvinna vid fönster* från

1822 är väldigt lik Dalis målning och man kan ana en inspirationskälla. Dalis målning är realistiskt målad och gjord innan hans surrealistiska period. Vill man hitta en surrealistisk kvinnorygg från samma tid så kan man istället titta på Man Rays fotografi *Ingres Violin* från 1924. Fotografiet visar en naken kvinna som sitter med ryggen mot åskådaren. På nedre delen av ryggen finns på varje sida ett f-hål, det vill säga de resonanshål som finns på en violin vid sidan av strängarna. Kvinnans rygg och hals påminner bakifrån om formen av en violin. Titeln *Ingres violin* anspelar också på den franska 1700-tals målaren Jean Auguste Dominique Ingres tavla *The Valpinçon Bather* som också visar en naken kvinna med ryggen mot betraktaren. Man Ray har helt enkelt gjort en surrealistisk parodi på Ingres motiv.

Kvinnor vid fönster har en lång tradition i konsthistorien. Den holländska 1600-tals konstnären Johannes Vermeer placerad ofta sina kvinnor vid ett fönster, dock inte med ryggen mot betraktaren, utan i profil. Den danska konstnären Vilhelm Hammershøi, vars motiv ibland påminner om Vermeer, har gjort en del målningar med kvinnor som står vid fönstret med ryggen mot betraktaren. I *En gammal kvinna vid fönstret* från (1885) ser vi i Hammershøis karaktäristiska gråskala hur en äldre kvinna i svart klänning och vit hätta står och ser ut genom fönstret. Händerna är knäppta som om hon oroligt väntar på något. I Hammershøi bilder kan man tolka in en mer psykologisk aspekt när det gäller den bortvända kvinnan än andra ljusare motiv som mer speglar en längtan ut till ljuset eller en drömmande blick in en bok. I Hammershøis kvinnoporträtt kan vi se en inneslutenhet, en ensamhet och alienation som på många sätt kommit att bli en del av den moderna människan psykologi.

Samma psykologiska uttryck kan man hitta i samtida fotokonst. Fotograferna Nygårds Karin Bengtsson och Susanna Hesselberg är två exempel på detta. I Nygårds Karin Bengtsson iscensatta fotografier finner vi många kvinnor och en del män som vänder sig bort från betraktaren. De sitter vid ett fönster, vid en bäck eller står i dörröppningen. Precis som i Hammershøis bilder är det ganska kyliga och distanserade interiörer men den svart-vita färgskalan lättas upp med röda och gröna kontraster i fotografierna. Det finns en känsla av något främmande och alienerade hos personerna på bilderna. Som om de inte riktigt trivs i sin tillvaro och vänder sig bort från gemenskapen in i sig själva.

Även Susanna Hesselberg återkommer till den bortvända människan i många av sina fotografier. En kvinna i vit klänning kan stå vid vattenbrynet med ryggen mot oss, hon kan sitta i profil och titta ut genom ett fönster, eller stå naken i det höga gräset bortvänd från åskådaren. Personen i fotografiet blir en solitär som placerats ut i rummet men som inte riktigt verkar höra hemma där.

Det finns i konsten många som vänder oss ryggen. Anledningen varierar under olika epoker. Det kan bero på civilisationsflykt in i en romantisk naturidyll till en mer psykologisk inåtvändhet och alienation från samhället, till att bara få vara i fred med sina egna tankar och drömmar. Det är ju också med ryggen vänd mot omgivningen som vi betraktar konsten. Vi ställer oss framför konstverket med ryggen mot våra medmänniskor för att avskärma omvärlden när vi går in i konstverkets bildvärld. Så konstens ryggtavlor blir på ett plan en bild av oss själva som betraktare.

Vampyrer och blodslinjen i konsten

Hennes röda hår rinner som ett vattenfall över hans svarta kostym när hon lutar sig över honom och sätter tänderna i hans blottade hals. *Vampyr* kallar Edward Munch sin målning från 1894. Vore det inte för titeln skulle man likaväl kunna tro att kvinnan tröstar och håller om mannen som lagt sitt huvud i hennes knä. Målningen tjänar också som omslag till Katarina Harrison Lindberghs bok om *Vampyrernas historia* (2011) som vi återkommer till senare. I vanliga fall tillhör vampyrerna populärkulturen för det är inget vanligt motiv inom konsthistorien. Det finns förstås undantag och de två mest kända vampyrmålningarna är förmodligen Munchs målning och Philip Burne-Jones (son till den pre-raphaelitiska konstnären Edward Burne-Jones) målning *Vampyren* (1897) som också visar hur en kvinna står över en sovande man. Intressant att notera är att det i bägge målningarna, som är från slutet av 1800-talet, så är det kvinnan som är vampyren, medan det i Bram Stokers klassiska och stilbildande roman *Dracula* (1897) är det en man.

Vampyrismen har en lång historia och har fått ett rejält uppsving de senaste åren i populärkulturen något som Katarina Harrison Lindbergh skriver om i sin bok. Man kan spåra vampyrernas historia ändå tillbaka till de blodsugande demonerna i Mesopotamien, via medeltidens smittspridande gengångare till den moderna sofistikerade vampyren alias greve Dracula som träder fram i 1800-talets viktorianska litteratur. Idag har vampyren förvandlats till en vältränad sexig övermänniska genom TV-serier som *True Blood* och *Vampire Diaries*.

Det finns olika teorier bakom varifrån myten om vampyrer kan ha uppstått. En av dem är att det skulle kunna röra sig om fall av den ärftliga blodsjukdomen porfyri som i folkmun kallas vampyrsjukan. En del av de symptom som kan uppstå av porfyri är blekhet genom anemi och extrem känslighet för solljus som kan leda till blåsor och smärta på huden när man vistas ute i dagsljus. Både blekhet och rädsla för solljus är något vi förknippar med vampyrer.

En annan mer vanlig förklaring är fall av skendödhet som inte var helt ovanligt förr i tiden. Likvakan skulle vara ett sätt att försäkra sig om att den avlidna verkligen var död så man inte begravde honom levande. Men ibland blev man tvungen att handla snabbt och den belgiska konstnären Antoine Wiertz målning *L'Inhumation précipitée* (den hastiga nedgrävningen) från 1854 visar vad som då kunde hända. På målningen ser man en man som förskräckt lyfter på kistlocket för att upptäcka att han befinner sig i en gravkammare och har blivit levande begravd. Troligen har mannen fallit offer för en koleraepidemi, vilken texten på gravlocket antyder, och i hast begravts för att undvika att smittan sprider sig vidare. Ingen har riktigt tagit sig tid att kontrollera om mannen verkligen är död eller bara skendöd. Den döda som reser sig ur sin kista tillhör också den etablerade bilden av vampyren.

Något som är centralt för vampyrerna är blodet. Genom att bita sina offer sprids vampyrsmittan vidare till offren. På så sätt påminner vampyrism om en dödlig blodsjukdom som sprider skräck hos befolkningen. När AIDS spred sig i världen under 1980-talet var tidningsomslagen fyllda av skräckrubriker och de smittade patienterna behandlades som pestsmittade vilket Jonas Gardells dramaserie *Torka aldrig tårar utan handskar* är ett bra exempel på. Inom konsten ökade också intresset för att lyfta fram frågor kring AIDS och HIV. När den amerikanska konstnären Barton Lidice Beneš vänner började dö i AIDS och han själv testades positivt för sjukdomen började han i sitt konstnärskap använda material som förknippades med sjukdomen som medicinkapslar, sprutor och slutligen sitt eget infekterade blod. Genom att stänka sitt infekterade blod på papper skapade han konstverk som påminner lite om Jackson Pollocks action painting. Rädslan för AIDS gjorde det svårt att visa Beneš verk då galleristerna ofta betraktade verken som dödliga och som smittskyddsobjekt.

Andres Serrano var en annan konstnär under 1980-talet som också arbetade med kroppsvätskor som blod, sperma och urin. Han har blivit mest känd för det provokativa fotografiet *Pissed Christ* (1987) som består av ett krucifix nedsänkt i hans egen urin. Kristina grupper blev förstås upprörda av detta tilltag och av en hel del andra bilder där Serrano använt sig av konsthistoriska religiösa motiv som han mixat med kroppsvätskor. Inom kristendomen har dock blodet en viktig religiös och symbolisk innebörd. Nattvarden då vinet förvandlas till Kristus blod, golgatavandringen som är en riktig blodig historia med piskning, törnekrona, korsfästelse och slutligen spjutstick i sidan. I Mel Gibsons film *The passion of Christ* (2004) frossar regissören i blod under golgatavandringen så det nästan påminner om en splatterfilm.

Det är inte omöjligt att Mel Gibson inspirerats av den österrikiska konstnären Hermann Nitschs performanceverk *Orgies Mysterien Theater*. Mellan åren 1962 och 1998 iscensatt Nitschs runt 100 olika performance där han blandade djurslakt, offer, korsfästelsescener, religiösa processioner med blod, kött och nakna människor i en storslagen blodig orgie. Förutom dokumentationen av Nitschs performance i form av bilder och filmer som i många fall ser ut som om deltagarna har varit med i festivalen *Tomatino* i Spanien där gator och människor täcks av röda krossade tomater som man kastar på varandra, så skapar Nitsch även målningar där han kastar ut hinkar med blod på målardukar som ligger på golvet eller som står uppställda längs väggarna. Med hjälp av en sopkvast eller en stor svamp skapade han sedan sina tavlor.

Blod innehåller DNA som idag kan användas för att skapa ett unikt porträtt och identifiera en människa. Den brittiska konstnären Marc Quinn har istället för DNA använts sitt eget blod för att skapa ett självporträtt i form av byst av sitt eget huvud. Varje huvud består av drygt 4 liter blod, vilket är den totala mängd som finns i normal kropp, så Quinn har regelbundet under ett års tid fått gå till doktorn för att göra bloddonationer till sitt verk. Den första skulpturen gjorda Quinn 1991 och han har sedan dess vart femte år upprepat proceduren och skapat ett nytt porträtt med syfte att dokumentera hur han åldras. Skulpturerna har problemet att de precis som vampyrerna inte tål solljus. Blodet är nämligen fruset och skulpturerna måste hållas nedkylda för att inte smälta bort som en vampyr i solsken.

Den matematiska konsten

Det finns de som anser att matematik är en konst och att siffrorna speglar skönheten i Universum. Den brittiska filosofen och matematikern Bertrand Russel gick så långt att han menade att: *"Mathematics, rightly viewed, possesses not only truth, but supreme beauty—a beauty cold and austere, like that of sculpture"*.

Att konsthistorien är fylld av matematik skulle man kunna ta som ett bevis för att det ligger en sanning i påståendet. För vad skulle konsthistorien varit utan perspektivmåleriet, det gyllene snittet, fibonaccis talserie eller π? Dessa regelbundna vackra mönster som återkommer i naturen och i konsten är nu matematikens hönan och ägget problem, som sysselsatt många matematiker och filosofer de senaste åren. För vad kom först? Är matematik en inneboende egenskap i Universum eller något som människans hjärna har hittat på för att förklara vår verklighet? Upptäckte vi matematiken eller uppfann vi den?

När vi ser upp mot stjärnhimlen, verkar den kaotisk, men redan under antiken upptäckte man mönster som förvandlades till stjärnbilder om mytologiska händelser. Fraktalerna fascinerar oss med sina intrikata upprepande mönster som man kan zooma in i evighet. Men de vackra regelbundna mönster som vi upplever finns de egentligen eller är det bara en produkt av vår hjärna som är gjord för att hitta samband och mönster i något som egentligen är lika kaotisk som stjärnhimlen? Det är i alla fall slående hur mycket matematik, mönster och regelbundenheter vi kan hitta i vår omvärld och i konsten.

I boken *250 milstolpar i matematikens historia* av Clifford A Pickover (Tukan Förlag, 2015) berättas om matematiska upptäckter från antiken till idag. Varje upptäckt är illustrerad med en bild som i många fall är hämtade från konsthistorien och i andra fall skulle illustrationerna mycket väl kunna upplevas som konstverk. Pythagoras sats illustreras med Rafaels kända målning *Skolan i Athen* (1511) där vi bland många kända filosofer och tänkare från antiken hittar Pythagoras på trappan i det vänstra hörnet skrivande i sin bok. Den första kända kvinnliga matematikern Hypatia illustreras med en målning från 1885 av pre-raphaeliten Charles William Mitchell. Att matematiken är ett manligt område bekräftas av den sexistiska målningen av Hypatia som man valt till boken. På målningen ser vi en ung naken kvinna som skyler sig med sitt långa röda hår. Då är Rafaels målning bättre för i *Skolan i Athen* återfinns Hypathia stående på trappsteget ovanför Pythagoras bredvid Parmenides. Hos Rafael står Hypathia påklädd bredvid de andra stora antika tänkare och hieratiskt befinner hon sig närmare bildens huvudpersoner Platon och Aristoteles i jämförelse med de andra manliga matematikerna Pythagoras och Euklides, som befinner sig längre ner på trappan.

Det finns många exempel där konst och matematik går hand i hand. Den danska vetenskapsmannen och designern Piet Hein skapade superägget, eller superellipsoiden som den också benämns inom matematiken. En tredimensionell superellips som har den speciella egenskaper att ägget kan stå på valfri ända och ända var lika stabilt. Hein använde superäggformen i flera olika skulpturer och designföremål. Det största superägget som vägde 1 ton placerades utanför Kelvin Hall i Glasgow.

En annan matematiskt form är spidronen som skapades av konstnären Dániel Erdély. Ordet spidron är en kombination av de engelska orden spider och spiral, och är en geometrisk figur som byggs upp av trianglar som vrider sig i en spiral. Erdély har skapat både skulpturer och målningar med hjälp av sina spidroner.

I St. Louis i Missouri USA hittar vi *Gateway Arch* som är ett imponerande arkitektoniskt monument skapat av den finska arkitekten Eero Saarinen 1947. Monumentet som är 192 meter högt bygger på en inverterad kedjelinje som kan beräknas med en formel där Eulers tal (e) ingår. Eulers tal är en viktig konstant inom matematiken som definierades av matematiken Leonhard Euler i början av 1700-talet.

En klassisk bild som man kan sakna i boken *250 milstolpar i matematikens historia* är möjligen Albrecht Dürers gravyr *Melankoli* från 1514. Det är ett verk som innehåller flera anspelningar på matematik och geometriska figurer som en rhombohedron, ett klot, en magisk fyrkant och en passare. Dürer var nämligen inte bara konstnär utan även matematiker och publicerade fyra böcker om mätning under sin livstid, där den första koncentrerade sig på linjär geometri.

Man behöver nu inte gå till konsthistorien för att hitta konstnärer som är intresserad av matematik utan det finns även idag verksamma konstnärer som tycker att matematik och konst är nära förknippade. Ta bara den venezuelanska konstnären Rafael Araujo och hans fascination för det gyllene snittet. Hans komplexa detaljrika teckningar är gjorde enbart med linjal och passare och tar ungefär 100 timmar att fullfölja. De består av dubbelspiraler, koner, och intrikata geometriska mönster, där till exempel fjärilar följer kurvorna i vackra mönster på hans teckningar. Att M.C Escher hör till Araujos konstnärliga inspiratörer är kanske inte så konstigt. Eschers var en holländsk konstnär som var mycket intresserad av matematik vilket avspeglar sig i hans konst som är fylld av märkliga paradoxer och omöjliga geometriska figurer. Araujos teckningar har blivit så populära med tiden att han har bestämt sig följa trenden med färgläggningsböcker för vuxna och skapa *The Golden Ratio Coloring Book* baserad på sina egna teckningar.

I videoverket *beweistheorie I* har konstnären Artem Tarkhanov intresserat sig för symmetrier mellan konst och språk. I videoverket använder han sig av sex primtal: 562613, 562621, 562631, 562633, 562651 och 562663. Serien är lite speciell eftersom varje tal består av sex siffror, talet sex återkommer därför även i videoverket. Det finns också andra referenser i videon till matematik som boken *Principia Mathematica* som räknas som ett viktigt verk om matematikens grunder skrivet av Alfred North Whitehead och Bertrand Russell, den senare citerades i inledningen av den här essän. Hela videon har formen av ett visuellt pussel som besökaren måste lösa för att hitta alla referenser.

Man kan även nämna Mel Bochners målning *Theorem of Pythagoras* från 1997 som består av två svarta och en röd rektangel som lagts ihop så de bildar en rätvinkel triangel. Målningen är helt egentligen ett bevis för Pythagoras sats och samma figur kan man hitta i en mattebok eller i Wikipedias artikel om Pythagoras sats. Bochners verk har dykt upp de senaste åren i flera olika samlingsutställningar som fokuserat på matematiken i konsten. På till exempel Lewis Glucksman Gallery på Irland arrangerades 2015 en utställning med namnet *Boolean Expressions: Contemporary art and mathematical data*. George Boole beskrivs ibland som informationsålderns fader och hans booleska uttryck används i dataprogram för att avgöra om ett påstående är sant eller falskt. Man kan säga att booleska uttryck ligger till grund för vårt digitala samhälle. Det skulle också förklara varför matte har blivit så populärt i samtidskonsten eftersom vi lever i en värld där tal och formler allt mer utgör vår vardag. Matematiken styr hur vi använder våra kreditkort till vårt surfande på internet. Hela vår digitala värld bygger på matematik något som också gett avtryck i samtidskonsten.

Dödsdans och likfärder i konsten

"Jag behöver en död kropp" löd den isländska konstnären Snorri Asmundssons uppmaning på Facebook. Närmare bestämt var det fem döda kroppar som konstnären behövde till en videoinstallation där han tänkte dansa med de avlidna. Han ville därför komma i kontakt med människor som snart skulle dö så de frivilligt kunde donera sina kroppar till konsten, precis som människor kan donerar sina kroppar till forskningen efter döden. Tanken var att Asmundsson bara skulle låna kroppen under någon timme för att sedan lämna tillbaka den till de anhöriga i samma skicka som den hämtades. Det hela låter dock lite morbid och sensationslystet.

Att det är en isländsk konstnär som kommer på konceptet att dansa med döda människor är kanske inte helt förvånande. Island är trots allt det enda land i världen där man kan se ett par "neckropants" på museum. På museet för trolldom och häxeri i Holmavik på Island kan man beskåda världens enda bevarade likbyxor, som är gjorda av skinnet från en död människa. De sägs att de isländska trollkarlarna på 1600-talet bar byxor gjorda av en död väns skinn för att få lycka och framgång i livet. Det finns väl en del luckor i resonemanget. För om vännen nu dog så kan man knappast betrakta honom som lyckligt lottad och då är det lite svårt att förstå hur hans lycka skulle överföras till den nya ägaren. Sedan finns det ett praktiskt problem. Vännen måste ju haft en ganska stor skinnstorlek för att den nya ägaren skulle kunna få på sig dem utanpå sina egna ben. Dessutom ska det passa med skostorleken. Eftersom de nu var frågan om magiska byxor så säger dokumentationen på museet att "one-size-fits-all" så när man väl fått på sig dem kommer passformen vara lika bra som det egna skinnet.

Det finns även en konsthistorisk referens till Asmundsson dödsdans. Under medeltiden blev motivet med dödsdanser populärt. En anledning berodde på att det var en turbulent tid i Europa med krig, svält och pest där döden ständigt var närvarande. Dödsdansen blev en allegori som skulle upplysa människorna om livets förgänglighet och som visade hur döden, ofta i skepnad av ett skelett, kommer och hämtar människorna till den andra sidan i en lustiger dans. Den tyska konstnären Bernt Notke, känd för sin skulptur av *St. Göran och Draken* i Storkyrkan i Gamla Stan i Stockholm, gjorde under 1400-talet motiv med dödsdansen där man ser kvinnor och män från de högre stånden som dansar med skelett. Motivet tolkades av många konstnärer och återfinns i kyrkomålningar och träsnitt och fick stor spridning under medeltiden. Vi känner också igenom motivet från Ingemar Bergmans film *Det sjunde inseglet*. En film som utspelar sig under medeltiden när pesten härjar i landet. Skådespelaren Jof (Nils Poppe) ser i slutscenen hur riddaren och många andra personer avtecknar sig mot skymningen uppe på berget i en långdans ledd av döden med sin lie och sitt timglas.

Döden är ständigt närvarande. Forskare har beräknat att det levt mellan 40 till 50 miljarder människor på jorden under mänsklighetens historia. Så även om vi idag tycker det finns många människor och att jorden är överbefolkad så är de flesta redan döda. Döden brukar också kallas för den stora glömskan, för många av oss kommer att försvinna ner i historiens anonyma statistik. Det är bara några få förunnat att efter sin död leva vidare i konsthistorien och då handlar det ofta om kungar eller andra berömdheter.

Greve Orgaz begravning (1586) av El Greco är visserligen gjort nästan 250 år efter Orgaz död men har ändå gjort greven odödlig i konsthistorien. Enligt legenden var greve Orgaz en filantrop och en helig man och när han skulle begravas inträffade ett mirakel. Två helgon klev ner från himlen och gravsatte honom framför de förvånande släktingarna. Den stora tavlan gjordes för en kyrka i Toledo och visar i den övre delen himmelriket med Jesus och Maria och i den undre delen de två helgonen som gravsätter greven medan släktingar och vänner står runt omkring och tittar på. Det som gjort tavlan minnesvärd är dels den bleka, gråa och gula färgskalan som ger hela scenen ett sjukligt intryck och den oroliga, virvlande kompositionen som påminner om en tromb med Jesus i toppen.

Man behöver nu inte vara greve eller kung för att få sin begravning avbildad i konsthistorien utan man kan också vara en känd författare. Den romantiska poeten Percy Bysshe Shelley drunknande 1822 när hans båt förliste i Medelhavet och i den franska konstnärens Louis Édouard Fourniers målning *The Funeral of Shelley* (1889) ser man hur kroppen kremeras på stranden medan hans vänner står runt omkring och sörjer. Att kremeras vid en enslig och vindpinad strand verkar som ett passande slut för en romantisk poet.

Askan efter Shelley fördes sedan till den protestantiska kyrkogården i Rom för att begravas.

Att kremera kroppen kan vara ett sätt att undvika den ibland problematiska utmaningen att transportera kroppen hem för gravsättning. Av olika skäl kunde man inte, eller ville man inte kremera kroppen och därför har likfärden, precis som begravningen, sin egen undergenre i konsthistorien. *Karl XII:s likfärd* är väl det exempel som är mest känd för den svenska publiken. Konungen som 1718 blev skjuten under ett fälttåg i Norge, av en förlupen kula eller som legenden säger av en trollknapp, skulle transporteras hem till Sverige för att begravas. Gustaf Cederström gjorde 1878 sin berömda målning av likfärden. Tavlan kan inordnas under det som på 1800-talet kallades för historiemåleri, även om den i historisk bemärkelse inte är helt korrekt utan mer en tolkning av händelsen. Karl XII bars till exempel inte på en öppen bår över fjället och man ska nog vara tacksam att hans död inträffade under vintern. Att frakta en kropp under flera dagar i den stekheta sommarvärmen skulle inte ha varit en mindre romantisk och hjältelik upplevelse.

Under 1800-talet började konstnärerna också intressera sig för vanliga människors liv och död. Den finska konstnären Albert Edelfelt målade 1879 tavlan *Ett barns likfärd* som visar en familj som ror över den lugna viken med en liten blå kista i båten. Bredvid kistan sitter en liten flicka som sorgset stirrar ner i vattnet och som håller en liten blombukett i handen. Man kan utgå från att det är ett syskon som dött i tidig ålder. Barndödligheten var hög under 1800-talet och bodde man en bit från kyrkan fick man själv se till att frakta den avlidna till närmaste kyrka för en kristlig begravning.

Folklivsforskaren Louise Hagbergs gedigna skildring *När döden gästar* från 1937 kom 2015 ut i en nyutgåva. Det är en bok som samlar seder, bruk och föreställningar om dödens alla skeende från medeltiden till modern tid. Ett kapitel handlar om likfärden, det vill säga hur man transporterade de döda till kyrkan. Avsnittet är illustrerat med en gravyr från omkring 1840 av Sigrið Björnsdottir med titeln *Jordafärd på Island. Kistan klövjas.* På bilden ser man två män på var sin sida om en häst som transporterar en kista i den otillgängliga terrängen. I bakgrunden skymtar man resten av begravningsföljet. Ofta använde man speciella klövsadlar där kistan kunde monteras under transporten. Klövjas betyder helt enkelt att transportera en avliden på en häst vilket kanske var det enda alternativet om man bodde i avlägsna delar av Island.

För i grunden handlar döden och begravningen om att hantera de avlidna på ett värdigt sätt. Att skapa en ceremoni för ett sista avsked av den avlidna och att sedan skapa en plats för att minnas deras liv. Det är väl också det som förhoppningsvis Snorri Asmundssons var ute efter när han annonserade efter avlidna på Facebook. Att lyfta fram vanliga avlidna människor i sin videoinstallation och på sätt föreviga dem på ett värdigt sätt i konsten, samtidigt som han ville påminna oss om vår egen dödlighet.

På besök i van Goghs värld.

Vincent van Goghs konst och liv slutar aldrig att fascinera människor. Irving Stones berömda biografi *Han som älskade livet* från 1934 filmatiserades 1956 med Kirk Douglas i huvudrollen som den geniala men plågade konstnären som blev missförstådd av sin samtid. Van Gogh har blivit känd och älskad av eftervärlden för sina starka färger och expressiva penseldrag. Det var en konstnär som älskade att måla knallgula solrosor. Motiv som med tiden visserligen vissnat och blivit bruna i färgen, eftersom van Goghs favoritfärg kromgul i solljus genomgår en kemisk process som gör att färgen får en brun nyans, men som trots det fortsätter hans konst att fascinera generation efter generation av konstälskare. Det har skrivits och producerats en hel del böcker och filmer av skiftande kvalité om van Gogh liv. Filmer som *Vincent och Theo* (1990), *van Gogh* (1991), *The Yellow House* (2007) och *The Eyes of van Gogh* (2005) bara för att nämna några.

Filmerna och böckerna har inte räckt för publiken utan man vill helst gå steget längre och krypa in under färglagren i van Goghs tavlor och bosätta sig i dem. Den japanska filmregissören Akira Kurosawa förverkligade den drömmen i episodfilmen *Dreams* (1990). I en av filmens drömsekvenser besöker huvudpersonen van Gogh museet i Amsterdam. Han somnar och vaknar upp bredvid bron Langlois i Arles som är ett känt motiv av van Gogh. Utrustad med penslar, pannå och staffli beger han sig sedan iväg på en vandring genom van Goghs tavlor i jakt efter konstnären själv. En vandring som slutar i motivet *Vetefält med kråkor* som anses vara van Goghs sista målning.

Ytterligare ett steg tog man under 2016 med filmen *Loving Vincent*. Över hundra personer har varit sysselsatta med att skapa 62,450 oljemålningar som påminner om van Goghs stil. Dessa målningar har sedan animerats till en långfilm som berättar om konstnärens liv och död baserat på de många brev som han lämnade efter sig. I *Loving Vincent* kan man säga att konsten och människorna på tavlorna kommer till liv. Nästa steg är förstås att kliva in i tavlorna.

Det har därför gjorts en del virtuella tavlor med motiv från van Goghs bildvärld. Du kan till exempel undersöka miljöer från kända motiv som det gula huset, nattcafeét och konstnärens sovrum. Från början var det frågan om enkla 3D-modeller men den senaste tekniken inom virtual reality har gjort upplevelsen mer äkta. Animatören Mackenzie Cauley har återskapat tavlan *Nattcaféet* (1888) till en 3D-miljö. Eftersom vi i målningen bara ser en del av caféet har Cauley återskapat de osynliga delarna med bland annat en pianospelare vid baren och en person som röker en pipa och som är misstänkt likt konstnären van Gogh själv. Cauley har också rätat ut det hoptryckta perspektivet som finns i tavlan så besökaren inte ska känna sig sjösjuk är han vandrar omkring i rummet.

När Art Institute of Chicago gjorde en utställning våren 2016 om Vincent van Goghs sovrum i Arles visade man inte bara de tre versionerna av motivet som van Gogh gjorde under 1888 till 1889 utan det fanns även en digital interaktiv kopia, men inte nog med det, man hade även byggt upp sovrummet i naturlig skala och det fanns möjlighet för besökaren att hyra rummet och att sova över där för $10 natten på Airbnb. Besökaren kunde alltså sova i en kopia van Gogh sovrum och man undrar vad nästa steg blir i att göra van Goghs konst levande igen. Är det kanske att klona konstnären?

Konstnären Diemut Strebe har tagit ett steg på vägen mot denna dröm. Hennes verk *Sugababe* (2014) består av en kopia av van Goghs öra som hon odlat fram med mänsklig vävnad utifrån celler från en manlig släkting till van Goghs bror. Van Goghs öra har blivit ikoniskt inom konsthistorien då van Gogh 1888 efter ett gräl med konstnärskollegan Gauguin skar av en del av sitt öra och sedan gav det till en prostituerad. Strebe har använt sig av den senaste tekniken inom bioprinting, där man kan skriva ut organ med hjälp av en 3D-skrivare genom att skriva ut lager efter lager med celler över varandra. Örat ska också kunna höra genom att en dator omvandlar ljud till elektroniska impulser. Så i princip kan man alltså prata med van Goghs öra, eller det är väl snarare en avlägsen släktings öra.

Att van Goghs öra fortfarande har stor betydelse för konsten är Elmgreen and Dragset planerade skulptur utanför Rockefeller center ett exempel på. Skulpturen som fått namnet *Van Gogh's Ear* består av en simbassäng som har en form som påminner om ett öra, en vanlig form på simbassänger under 1950-talet. Simbassängen ska sedan placerats på högkant i stadsrummet och påminna betraktaren om ett stort öra som lyssnar av stadens brus. Men det är inte vilket öra som helst utan Vincent van Goghs öra vilket skapar flera konsthistoriska referenser.

Van Gogh är en konstnär som ständigt fascinerar och som hela tiden verkar återuppstå i nya medium från böcker till bioprinting. Man kan därför vara säker på att van Gogh i någon form kommer att dyka upp i nästa framsteg inom upplevelseindustrin eller i framtida forskningsfält. Den första klonade konstnären kan mycket väl bli van Gogh.

Den tidiga datakonsten

LOVE fyra bokstäver för kärlek är popkonstnären Robert Indianas mest kända verk. Det skapades 1964 som ett julkort för Museum of Modern Art. På vykortet ser man de röda bokstäverna LO som står ovanför bokstäverna VE och därmed bildar en kvadrat. I texten är bokstaven O lutad åt höger. Verket fick stor spridning då det användes på ett frimärke i USA och har även återskapats som skulptur.

I en bok från 1978 om hur du skapar dataspel i programspråket BASIC hittade jag ett program av den amerikanska programmeraren David Ahl där du kan återskapa Indianas kända verk i din dator. Det är ett ganska kort program på 35 rader som ber användaren att mata in ett ord, i det här fallet LOVE. Datorn skriver sedan ut ordet på skärmen genom att använda ordet LOVE som bakgrund och lämna tomrum för de stora bokstäverna. Det vita tomrummet på skärmen bildar alltså en kvadrat med LO överst och VE under och där O är tiltat precis som i originalet.

Varför programmet som återskapar ett konstverk finns med i en bok om dataspel kan man fråga sig? David Ahl var en hängiven programmerare och grundade *Creative Computing magazine* 1974. En tidskrift som riktade sig till en växande grupp hobbyprogrammerare. Ahls bok *BASIC Computer Games*, som exemplet är hämtat ur, var en riktig bestseller på sin tid och är den första databok som sålt i över en miljon exemplar. Majoriteten av programmen i boken handlar om att skapa enkla dataspel som hockey, sänka skepp eller boxning. Men det finns även andra "spel" där du kan skapa poesi, genom att slumpa fram en haiku-dikt eller programmet "Byråkrat" som kan vara till ovärderlig hjälp när det gäller att förbereda tal och rapporter av olika slag. Programmet slumpar fram olika byråkratiska meningar som gör att du kan prata på inför en publik som tycker att det låter väldigt viktigt fast ditt tal bara består av lösryckta byråkratiska klichéer. Många år senare skulle Andrew C. Bulhaks skapa programmet *The Postmodernism Generator* (1996) som använder samma princip, fast med en mer avancerad grammatisk kontroll, för att skapa verklighetstrogna uppsatser inom litteratur, sociologi och kulturteori.

Generatorn skapar titel, författare, universitets namn, själva uppsatsen med tillhörande fotnoter och källförteckning. Det sägs att en del av de framslumpade uppsatserna varit så verklighetstrogna att de lyckats bli publicerade i vetenskapliga tidskrifter. Precis som Ahls program "Byråkrat" driver med det högtravande och svårtillgängliga språkbruket bland myndigheter så parodierar Bulhaks *The Postmodernism Generator* den akademiska världens postmodernistiska och pseudovetenskapliga texter.

För David Ahls handlade programmering om att vara kreativ, vilket också var namnen han valde på sin tidskrift. Om det sedan blev ett spel eller något konstnärligt var inte det viktiga. Det är också en beskrivning som passar in på den tidiga datakonsten som kan daterars ända tillbaka till 1960-talet. Det var inte konstnärer som skapade konsten utan snarare ingenjörer och dataexperter eftersom datorer bara fanns på universitet och forskningsinstitutioner och man måste vara en expert för att handskas med dem. Det är kanske därför inte helt korrekt att kalla det för konst då mycket helt enkelt handlar om kreativ programmering. Men vi ska nog tacka dessa unga kreativa ingenjörer som insåg att datorer kunde användas till mer än att bara göra beräkningar och som tog varje tillfälle i akt för att leka och experimentera med statens jättedyra maskiner för att skapa visuella effekter men även olika former av dataspel.

När konstnärerna började använda sig av datorer för att skapa konst blev de antingen tvungen att lära sig programmera själva eller förlita sig på expertisen hos dataingenjörerna. Gary Svensson som har forskat om den tidiga datakonsten i Sverige skriver i sin avhandling *Digitala pionjärer: Datakonstens introduktion i Sverige* (2000) om några svenska exempel.

Sten Kallin som var civilingenjör och jobbade för IBM i Sverige blev kontaktad av flera konstnärer under 1970-talet som var intresserade av hur datorer skulle kunna användas för att skapa ny konst. Textilkonstnären Astrid Stampe samarbetade till exempel med Kallin för att fram nya mönster för sina textiler. Ett mer fördjupat samarbete uppstod med konstnärer Sture Johansson där Kallin hjälpte till med att ta fram helt nya grafiklösningar och program som resulterade i olika former av konstverk som Intra-projektet från 1970.

Ett annat fruktsamt samarbete uppstod mellan datateknikern Göran Sundqvist som var anställd av SAAB och konstnären

Lars-Gunnar Bodin. Deras samarbete resulterade i en del elektronisk musik men också olika bildkompositioner som *Seriella strukturer i bild och musik* som visades på Sturegalleriet 1960. Mycket av den här tidens datakonst bestod av svart-vita mönster, ofta upprepningar med olika variationer, som man skulle kunna benämna matematiska kompositioner. Men även om man nu kunde skapa konst på dataskärmen fanns det en teknisk begränsning i möjligheten att skriva ut verken. Det här var långt innan laserskrivare, 3D-skrivare och för den delen färgskrivare, utan man använda sig av en plotter som är en skrivare som använder sig av en penna för att skriva ut resultatet på papper.

Begränsningarna resulterade som sagt i svart-vita bilder med geometriska eller abstrakta former, men å andra sidan passade dessa motiv ganska bra in på samtidens konstscen som fortfarande under 1960-talet dominerades av abstrakt och non-figurativ konst med riktningar som formalism och konkretism där formen stod i centrum. En annan konstriktning under 1960-talet var Op-konsten, optisk konst, med bland annat svart-vita mönster med många linjer och rutnät som skapade optiska illusioner. Op-konsten bestod i grunden av matematiska kompositioner som det visade sig att datorerna var mycket lämpliga att beräkna och framställa. Datakonsten skapade egentligen inte någon ny konstinriktning utan gjorde det bara betydligt enklare att skapa, upprepa och experimentera med olika geometriska uttryck genom att ändra på olika värden i beräkningen eller låta slumpen ha en del i skapandet.

Ett exempel på det är konstnären Torsten Ridell som samarbetade med olika institutioner i Paris och London för att skapa sin serie med *Linjepermuationer* som består av horisontala och vertikala linjer som skrivs ut i en serie med olika slumpmässiga avstånd som bildar fina rutnät. Även i det här fallet var konstnären beroende av tekniker vid institutioner som hade tillgång till kraftfulla datorer för att kunna förverkliga sina idéer. Man ska i sammanhanget inte heller glömma bort kostnaden för att använda datorer eller en plotter under 1960-70-talet. Det fanns inte som idag, varken tid eller ekonomiska förutsättningar att göra många misstag under processen. Ridells *Linjepermuationer* är skapade i slutet av 1970-talet i brytpunkten då datorer börjar bli allt mindre och billigare och under 1980-talet kommer vi att se en explosion av hemdatorer som vanliga människor kan skaffa som också kommer att förändra konstnärernas möjlighet att skapa egen datakonst.

Victoria and Albert Museum (V&A) i London har en stor samling med verk från den tidiga datakonsten. Samlingen består till stor del av utskrifter på papper, vilket är betydligt enklare att spara och visa upp än gamla datorer med program som ingen längre vet hur man hanterar. Många av konstverken skapades i nu bortglömda programspråk som Fortran och ALGOL 60. V&A definierar datakonst som en historisk term som avgränsas av perioden 1960-80, efter 1980 gör hemdatorerna sitt intåg på scenen och förändrar villkoren för konstnärerna.

Ett av de tidiga verken i samlingen är från 1965 och skapat av datakonstpionjären Frieder Nake. Utskriften heter *Hommage à Paul Klee, 13/9/65 Nr.2* och är en dataanalys av Paul Klees målning *Highroads and Byroads* från 1929. Klees målningen består av ett rutnät av olika färgfält. Tänk dig att du ser ett landskap med rektangulära fält från luften där man i varje rektangel odlar olika växter i olika färger. På så sätt påminner tavlan i form om den tidiga datakonsten och genom olika matematiska funktioner kunde Nake återskapa motivet på skärmen.

Eftersom datakonst var så förknippad med teknik och ingenjörer så var det från början en mansdominerad värld, men precis som man kan plocka upp 1800-tals matematikerna Ada Lovelace som en pionjär inom dataprogrammering kan man också hitta kvinnor som varit pionjärer inom datakonsten. En av dessa är Vera Molnár (f.1924) en fransk konstnär som i sin konst arbetade med att repetera geometriska figurer. 1968 började hon arbeta med datorer när hon insåg att datorn snabbare kunde bearbeta informationen och skapa en mer objektiv arbetsprocess. Ett av hennes verk *Letters from my Mother* som finns i V&A:s samlingar är ett försök att med en dator härma hennes mors handskrift och skapa en simulering av hur skriften förändras när hennes mor åldras och hälsan försämrades. Det är ett konstverk som förutspår den utveckling som datakonsten kommer att ta längre fram. Det sker en utveckling från 1960-talets enkla program för att skapa geometriska mönster till mer avancerade program som kan analysera stora datamängder och skapa simuleringar inom olika områden. Utvecklingen går mot en form av artificiell intelligens där datorn blir allt mer självständig och kreativ och kan utveckla en egen konststil. Vera Molnár var i det fallet inte bara en pionjär inom datakonsten utan också en visionär.

Den självförstörande konsten

Är det inte som den svenska nationalskalden Esaias Tegnér skriver i dikten *Det eviga* från 1810: "Det sköna är evigt: Med fiken håg / Vi fiska dess guldsand ur tidens våg." Borde det alltså inte vara så att den sköna konsten är evig och bestående? Fast när man tänker efter så är det en ganska skröplig evighet i så fall. Även det bästa hantverk av de gamla mästarna står inte emot tidens tand utan på våra museer flagnar, spricker och möglar gamla tavlor och skulpturerna faller isär och går sönder. För att inte tala om den moderna konsten där nya material och färger skapar en mardrömslik häxbrygd för konservatorerna att brottas med. Det bildas oväntade kemiska föreningar som snabbt bryter ner tavlorna och konstföremålen. En 1500-talsmålning håller i bästa fall ett par hundra år medan mycket av 1900-talets konst behöver restaureras redan efter några decennier.

Nä, konstverken är definitivt inte eviga och det finns även konstnärer som skapar konstverk vars enda syfte är att förstöra sig själv. Helt enkelt självdestruktiv konst som går i helt motsatt riktning till Tegnérs tankar om det evigt sköna.

Den holländska konstnären Leon de Bruiines installation *Quick Sand* är ett sådant verk. Det består av ett stort slippapper som dras runt av en motor. Konstverket påminner om ett elektriskt löpband som man hittar på gymmen. Fast det är inga människor som springer på bandet utan istället står det några trästolar vars ben slippas ner med tiden och blir allt kortare. Man kan få intrycket att de sjunker ner i kvicksanden när de egentligen slippas bort och förvandlas till sågspån. Det är ett konstverk som får en att tänka på det gamla latinska uttrycket att droppen urholkar stenen, inte genom sin styrka utan genom att falla ofta. Fast i det här fallet är det slippappret som slipar ner stolen genom att slipa lite i taget men under väldigt lång tid.

Leon de Bruiine har även gjort verket *Brick Factory* med samma grundidé. Om du har gått förbi ett bygge har du kanske noterat att det ibland hänger ner stora runda teleskoprör av plast från byggställningarna. De används för att säkert kunna kasta ner pust och tegelstenar från byggnadsställningarna till en container nedanför. Bruiine har satt ihop dessa gröna plaströr till en cirkel som roterar kring sin egen axel med hjälp av en motor. Inne i cirkel ligger ett par tegelstenar som med tiden kommer att malas ner till grus när de krockar och stöter i varandra. Precis som stolarna slipas tegelstenarna ner och försvinner med tiden. Konstverket förstör helt enkelt sig själv.

Den sydafrikanska konstnären William Kentridge planerar under våren 2016 att skapa en 550 meter lång muralmålning längs en mur som följer floden Tiber i Rom. Verket kommer att skapas på ett bakvänt sätt, man kommer att placera ut schabloner av figurer på väggen och sedan tvätta bort smutsen från muren runt omkring. Bilderna kommer alltså att vara uppbyggda av de kvarvarande smutslagringarna på muren men med tiden när resten av muren återigen blir smutsig kommer konstverken helt enkelt att försvinna på ett naturligt sätt. Även i det här fallet är det frågan om en långsam nedbrytning av konstverket tills det helt försvinner.

Triumphs and Laments kallar Kentridge sitt verk och det påminner om de svartvita teckningar och animationer som han blivit känd för. Verket ska bestå av människor och gestalter som speglar Roms historia och kultur från mytologiska karaktärer till kända personligheter som Anita Ekberg och Marcello Mastroianni som haft anknytning till staden.

Om du har sett TV-serien *Mission Impossible* så kommer du säkert ihåg hur agenten i början av varje avsnitt får ett hemligt uppdrag av sin uppdragsgivare. Uppdraget spelas upp på ett kassettband som efteråt förstörs av sig själv så ingen annan ska kunna höra meddelandet. Det är ungefär vad som händer i performancen "a text that destroys itself in the process of its own reading".

Verket var ett samarbete mellan konstnärerna Daniel Jackson och Simon Morris och framfördes på Gustav Metzger konferensen 2003. De två konstnärerna läste var sin text om Metzgers konstnärskap och medan de läste blandades texterna ihop och orden på skärmen försvann genom att man använde sig av dataprogrammet *Extraction* utvecklat av Jackson, som raderade orden. Tanken var att orden skulle tas bort från skärmen på samma gång som de läses. En form av självförstörande meddelande som i de gamla agentfilmerna *Mission Impossible*.

Att performancen ägde rum under en konferens om Gustav Metzger och de självförstörande texterna handlade om Metzger konst är inte så konstigt. Metzger är den autodestruktiva konstens fader och publicerad 1959 ett manifest där han bland annat konstaterar att ett konstverk inom 20 år måste återgå till sitt ursprungstillstånd av ingenting, det vill säga upphör att vara ett konstverk.

Metzgers *Acid action painting*s från 1960-talet är ett bra exempel på detta. Metzger spände upp tre nylondukar, en röd, en vit och en svart och ställde dem bakom varandra. Sedan kastade han, sprayade eller stänkte saltsyra på dukarna så att de frätes sönder av syran. Tekniken påminner en hel del om Jackson Pollocks abstrakta *action paintings*, fast istället för färg använde Metzger saltsyra. På bilder från början av 1960-talet kan man se konstnären i full skyddsutrustning med stövlar, handskar och gasmask när han skapar sina verk. Att förstöra konst är inte en helt ofarlig sysselsättning så det gäller att vara försiktig så man inte råkar ut för en olycka.

Konstnären Michelangelo Pistoletto kan man dock inte anklaga för att var vidskeplig eller rädd för olyckor. I hans performance *Seventeen One Less* på den 53:e Venedig Biennalen 2009 krossade han med hjälp av en träslägga alla utan två av de 22 speglarna som satt mitt emot varandra i galleriet. Det blir sammanlagt ett helt livs olycka om man ska tro folktron. Speglar har många symboliska innebörder. De kan spegla jaget, världen och omgivningen. Även en skärva från en krossad spegel speglar världen och för Pistoletto handlar spegeln om en symbolisk sökande efter identitet.

Om man mot förmodan inte vill förstöra sin egen konst så kan man alltid förstöra andras. Den kinesiska konstnären Ai Weiwei gjorde 1995 en fotoserie med bland annat en triptyk som visar hur han släpper en antik kinesisk vas från Han dynastin i marken så den krossas. Ska man tro Metzgers manifest för auto-destruktiv konst så var det sedan länge dags för vasen att släppa föreställningen om att det fortfarande var ett konstverk. Den hade definitivt överskridit sina 20 år i konsthistorien med råge. Som ett försvar för Ai Weiwei kan man väl ändå säga att vasen fortfarande är ett konstverk. Den har bara övergått i ett annat idébaserat stadium och det är väl ändå det som är grundtanken med Tegnérs dikt om det eviga. Att det är idéerna som är eviga och inte konstobjekten.

Bloggar på avigan och twitterkonst

Det finns miljontals bloggar runt om i världen fyllda med politiska åsikter, existentiella funderingar, skvaller, vardagsnoteringar, sex och spam, så varför skulle inte även världens mest kända New Media konstnärer Joan Heemskerk och Dirk Paesmans alias Jodi också ha en blogg?

Jodis blogg hittar man på adressen http://blogspot.jodi.org/ (2006). Den som förväntar sig att hitta något läsvärt i form av konstnärernas tankar om samtidskonsten eller bilder från pågående projekt kommer att bli grymt besviken. För allt som Jodi lägger händerna på, om det så är dataspel, hemsidor eller bloggar, börjar de genast, som nyfikna barn att plocka isär och bryta sönder för att se vad som döljer sig under ytan.

Samma sak gäller för Jodis blogg. Här har man i princip vänt ut och in på bloggen. Man har utgått från Googles tjänst Blogger, men istället för att visa texter och bilder för besökarna, som är det vanliga, visar man istället upp koden som bygger upp bloggen. För den som har använt Blogger och själv försökt att ändra utseendet känner säkert igen de kommandon som finns på hemsidan. Istället för titel på Jodis blogg hittar man koden <$BlogTitle$> och istället för de postade inläggen hittar man <$BlogItemBody$>. I vanliga fall ersätts dessa koder av ett innehåll. <$BlogTitle$> blir det namn du har döpt din blogg till och <$BlogItemBody$> blir ett inlägg som du har skrivit.

På Jodis blogg finns också en blogroll, det vill säga en länklista till andra bloggar. Länkarna går till bloggar som konstnärerna har skapat. Besöker man någon av dessa kommer man att överraskas av ett till synes kaotiskt virrvarr av blinkande bilder och scrollande texter i olika färger, alltså inte helt olikt många av Jodis andra nätkonstverk. Dekonstruktion är ett ord som ofta nämns när man pratar om Jodis nätkonst, eftersom deras konst bryter ner och dekonstruerar kända gränssnitt som vi hittar på skärmen. Andra begrepp som brukas användas är kaos och virus, eftersom det känns som ett virus har invaderat datorn och håller på att förstöra all information när man besöker någon av deras hemsidor. Jodis konst går nu mycket djupare än det första intrycket av att försöka oroa och chockera besökaren.

Nätkonst bygger liksom allt annat man ser på nätet på kod. Kod är i grunden ett programmeringsspråk som har en speciell syntax och grammatik. Ett av de mest kända språken på nätet är till exempel HTML, som betyder Hyper Text Markup Language. Man kan fråga sig om inte mycket av nätkonsten ligger litteraturen närmare än bildkonsten? Även om det rör sig om bilder, ljud och video så består konstverket i grunden av ett språk, en uppsättning meningar som beskriver vad som ska hända. Grunden för ett språk är som bekant förmågan att kommunicera ett budskap, men vad händer när språket inte längre räcker till och vi inte förstår varandra?

I en intervju har Jodi sagt att deras favoritförfattare är Samuel Beckett och nog finns det många likheter mellan Beckett och

Jodi. Båda intresserar sig för vad som händer när kommunikationen mellan människor kollapsar. I Jodis fall är scenen den världsomfattande kommunikationsplattformen som kallas Internet, som ska underlätta kommunikationen mellan människor i hela världen, men vad händer när denna plattform inte längre fungerar som det är tänkt? Jodis konstverk har även många paralleller med andra litterära riktningar, som den dadaistiska och konkreta poesin och poeter som Triztan Tzara, Kurt Schwitters, eller varför inte svenska konkretister som Öyvind Fahlström och Bengt Emil Johnson. Internets utvidgade multimediala språk med bilder, ikoner, video och text blir för Jodi byggstenar för att skapa visuell poesi i den dadaistiska och konkreta traditionens efterföljd.

Egentligen är det ganska paradoxalt att man kan använda programmeringsspråk för att skapa konstverk som visar på uppenbara brister och glipor i vår kommunikationsmodell, eftersom ett programmeringsspråk, till skillnad från poesi, inte kan användas för att improvisera, skapa nya ord, strunta i skiljetecknen och så vidare, utan här måste alla kommandon vara rättstavade och slaviskt följa programmeringsspråkets grammatik för att det ska fungera. En bruten kommunikation och ett missförstånd leder bara till ett felmeddelande. Det finns inte heller något utrymme för missförstånd mellan den som har skapat koden och den som tar emot instruktionerna, i det här fallet konstnären och datorn. Datorn gör precis som den blir tillsagd, den tolkar inte, läser inte mellan raderna och förstår inte ironi. När Estragon i Becketts drama *I väntan på*

Godot i avslutningsrepliken säger "Nu går vi", så förstår vi att de två luffarna kommer att vara kvar. För en dator betyder det att de helt enkelt går därifrån. När Jodi ber datorn skapa ett gränssnitt som är omöjligt att använda, gör datorn det utan att ifrågasätta varför, medan vi som besökare på en gång börjar fundera och tolka vad det hela betyder. För kommunikation innebär inte bara att man förstår, utan också att man ifrågasätter och tolkar budskapet, och kanske till och med att man missförstår det.

Att vi befinner oss i en textbaserad tidsepok är något som en nyligen gjord undersökning bekräftar. Det visar sig nämligen att var tredje svensk skulle vilja ge ut en egen bok. Att vilja ge ut en bok är en sak men att hinna är en annan sak. Många börjar ambitiöst med en ny blogg eller ett skrivprojekt innan verkligheten hinner i kapp dem. *Sorry I Haven't Post* (2010) är en blogg av konstnären Cory Archangel där han postar ursäkter från andra bloggar om varför man inte har hunnit blogga den senaste tiden. Ni känner säkert igen situationen. Man blir sjuk någon vecka, reser bort, datorn kraschar, eller något annat viktigare dyker upp och när man ska återuppta sitt bloggande igen börjar man med att ursäkta sig för läsaren och förklara varför man inte har uppdaterat bloggen den senaste tiden. Det intressanta är den personliga ton som uppstår i dessa inlägg mellan läsaren och skribenten. I själva ursäkten finns ett förtroende när man i många fall avslöjar rent privata saker om varför man inte har kunnat blogga. Man har haft mycket att göra på jobbet, varit sjuk, haft en hjärtattack, eller det har helt enkelt inte hänt något som varit värt att skriva om (en självinsikt som fler i bloggvärlden kanske borde ha).

Förutom bloggar är Twitter ett annat textbaserat medium där man är begränsad till 140 tecken för att berätta vad man tänker, känner eller gör. Det finns ett citat som säger att om man låter 1000 apor slumpmässigt slå på tangenterna på var sin skrivmaskin borde de om de har oändligt med tid till sitt förfogande kunna skriva ett litterärt mästerverk. Men klarar 1000 skejtare av att Twittra något meningsfullt, frågar sig konstnärsduon Jodi? *Sk8monkey* (2012) består av ett trådlöst tangentbord med hjul som kan användas som skateboard. När någon kliver upp på brädan och åker trycks tangenterna slumpvis ner och skickas till ett Twitterkonto på Internet. Precis som talesättet om de 1000 aporna skulle det bland alla dessa slumpmässiga tweets, rent teoretiskt i alla fall, kunna dyka upp riktiga meningar. *Sk8monkey* är ett projekt som påminner en hel del om Jodis tidigare net.art verk där de dekonstruerar den sociala webbens verktyg. Den stora skillnaden med *Sk8monkey* är att det egentligen inte undersöker eller lyfter fram tekniken bakom Twitter utan i stället fokuserar på innehållet. Ser då Jodi Twitter som en enda ström av meningslöst babbel, som de 1000 aporna som slumpmässigt hamrar på sina skrivmaskiner och som kanske någon gång lyckas säga något intressant? En sak är säker, att vi idag producerar fruktansvärt mycket text, och huvuddelen har varken litterära kvalitéer eller är ens värda att lägga på minnet. Mycket av den sociala webben består, precis som det verkliga sociala samtalet av notiser, skvaller, kallprat, spontana känslouttryck, ja, helt enkelt sådant som utgör själva smörjmedlet i det sociala samtalet mellan människor. Så det är väl rimligare att förvänta sig att de 1000 aporna kommer att skriva ett antal notiser om väder och vind eller skvaller om grannen än att de skapar ett litterärt verk.

Idag har vi ett stort behov av att förmedla till våra bekanta de mest elementära vardagssituationer som att vi står i kön och ska köpa en kopp kaffe eller att solen lyser där ute. Små saker som ska bekräfta att vi lever och gör något med våra liv. Inte för att göra någon besviken men konceptet med att regelbundet uppdatera sin status är nu inget nytt. Den japanska konstnären On Kawara skapade redan på 1960-talet några verk som kan ses som föregångare till Facebook och Twittertrenden.

I verket *I am Still Alive* skickade Kawara telegram till sina vänner runt om i världen med meddelandet "I am still alive". Man kan naturligtvis invända mot Kawaras metod eftersom det dröjde ett tag innan mottagaren fick telegrammet kunde det vara så illa att Kawara helt enkelt hade dött under tiden. Om Kawara däremot hade haft tillgång till Twitter eller Facebook hade hans vänner omedelbart kunnat se att han var vid liv. Nu finns det faktiskt ett Twitterflöde (http://twitter.com/On_Kawara) som varje morgon klockan 9:56 uppdateras med frasen " I am still alive". Vem som ligger bakom bloggen framgår inte, men man kan anta att det rör sig om en konstnär. Av inläggens exakta tidsstämpel kan man också utgå från att det är ett program som automatiskt uppdaterar bloggen och ingen som sitter och skriver in texten. Vilket ger en ny dimension till Kawaras verk. Kawara skickade sina telegram manuellt och själva arbetsmomentet var därför en viktig del av konstverket, men vad händer när man tar bort arbetsmomentet och istället automatiserar processen? Kan Kawara fortfarande vara vid liv fast det är ett datorprogram som säger så?

Kawaras hälsotillstånd har intresserat flera konstnärer som arbetar med sociala medier. Den belgiska konstnären Danny Devos gjorde 2006 en blogg med namnet *On Kawara is not Dead*. Devos kontrollerade varje dag från den 16 september 2006 till den 25 september 2008 dödsannonserna i sin morgontidning för att se om Kawara fortfarande levde. På bloggen listade han sedan personer som dött, men avslutade varje inlägg med "On Kawara is not Dead" (http://onkawaraisnotdead.blogspot.com/)

Konstnären Martin John Callanan installation *I am Still Alive* bygger också på Kawaras kända verk. Här har man använt sig av en sändare som placerats ut på offentliga platser och som kommunicerar via gränssnittet Bluetooth med sin omgivning. När sändaren hittar en mobil, dator eller annan flyttbar enhet med ett öppet trådlöst nätverk skickas meddelandet "I am Still Alive" till mottagaren. Sändarna finns utplacerade runt om i världen och texten har översatts till de olika ländernas språk. (http://greyisgood.eu/stillalive/)

On Kawaras konstnärskap handlar mycket om kontinuitet, att gestalta och visa på de vardagliga händelserna som bildar ramen för våra liv. I verk som datummålningar, målar han till exempel dagens datum med vit text på svart bakgrund. I verken *I Got up A* och *I Went and I Met* skickar han vykort till sina vänner med korta meddelanden om när han vaknade eller vilka han har träffat. Ett vykort säger inte speciellt mycket, men ett par hundra ger plötsligt en helt annan dimension av en människas liv. På samma sätt är det med Facebook och Twitter, vid första ögonkastet kan det verka ytligt, men över en längre period blir det också en historia över en människas liv. I grunden uttrycker de sociala medierna en fundamental existentiell tanke, för att använda en moderniserad variant av den franska filosofen René Descartes berömda citat: "Jag twittrar, alltså finns jag" eller som On Kawara hade skrivit i Facebooks statusrad "Jag är fortfarande vid liv".

Många konstnärer använder helt enkelt de sociala mediernas stora informationsflöden som material till ny konst. Nätkonstnären Angelo Plessa skapade en *Re-Twittering Machine* (2012) som helt enkelt gör retweets där ordet "Freedom" används. Det är ett program, en bot, som samlar in tweets och på en interaktiv hemsida kan du sedan styra ett surrealistiskt ansikte som skjuter pilar som bildar pratbubblor med olika tweets. Frågan är om man inte skulle kunna säga att Paul Klee var den första konstnären som twittrade? För Plessa har inspirerats av en akvarellmålning av Klee från 1922, som är i ljusblått (inte så olik Twitters färger), och som visar några fåglar som sitter på en vev. När man vevar på spaken kommer fåglarna att kvittra, alltså en kvittermaskin. Plessa vill i sitt konstverk peka på hur viktiga sociala medier är för vår demokrati och han menar att informationsåldern förmodligen är den bästa perioden ur demokratisk synpunkt när det gäller att skapa frihet.

En annan konstnär som länge kämpat för frihet på nätet och som använt Twitter till detta är den kinesiska konstnären Ai Weiwei. Weiwei hyser en stor kärlek för sociala medier och i projektet *An Archive* (2015) har han samlat texter från sitt Twitter och bloggkonto mellan 2009 och 2013. Varje tweet och post är sedan skriven på mandarin med kalligrafi på stora vita rispapper och de 9000 bladen förvaras i en trälåda. Det är manuellt och gammalmodigt som en kontrast till det snabba digitala flödet. Kuratorn Hans Ulrich Obrist menar att man kan se hela Weiweis närvaro på de sociala plattformarna som en "social skulptur", ett begrepp som myntades av Joseph Beuys på 1920-talet om konstverk som skapar aktioner och strukturer i samhället. Weiwei har också precis som Beuys sagt att allting är konst och allting är politik, även ett Twitterinlägg, en Facebookstatus eller ett blogginlägg.

Bland stackmoln och svampmoln

"Små lätta moln
ser jag på din himmel,
din himmel som är blå."

Så sjunger Pugh Rogefeldt på debutplattan *"Ja, dä ä dä"* från 1969. Små fluffiga sockervaddsmoln på en klarblå sommarhimmel. Kan det bli mycket bättre än så? Tänk att tre rader om moln kan sätta stämningen för en hel sång.

Små lätta moln är det också som far förbi på den klarblå himlen över dataspelshjälten Mario i spelet *Super Mario*. I den amerikanska konstnären Cory Arcangels version från 2002, har konstnären hackat spelet och ändrat i koden så att det enda som återstår av spelet är de små vita fluffiga molnen som rör sig över en blå himmel. Trots att Arcangel har tagit bort alla symboler, ljud och hela kontexten till spelet så kan nog de flesta som ser verket känna igen vilket spel det rör sig om och många får också en speciell känsla i kroppen när de minns alla timmar de lagt ner för att klara spelet. *Super Mario Clouds* ärt ett verk som nästan verkar vara som gjort för att fungera som en musikvideo till Pugh Rogefeldts sång.

Molnformationer har alltid intresserat människor. Redan under 300-talet f.Kr försökte Aristoteles att förklara och beskriva molnens egenskaper i arbetet *Meteorologica*. Leonardo da Vinci, en annan stor vetenskapsman, fortsatte på 1400-talet med det metrologiska arbetet med molnen, men da Vinci var även konstnär och såg också på molnen som ett estetiskt uttryck. Men tittar man på Da Vincis målningar så innehåller de inte så många moln och bakgrunden till Mona Lisa påminner mer om smog än moln.

Det är egentligen först under 1600-talet som molnen på allvar börjar segla in i konsten. Under den holländska guldåldern var landskapsmåleriet en av de större genrerna. Eftersom det holländska landskapet är mycket platt och har en låg horisont så upptogs en stor del av målningarna av himmel och det fanns också plats för många moln. Jacob van Ruisdael målning *The Windmill at Wijk* (1670) består till exempel av 2/3 himmel fylld med gråa mörka cumulusmoln. Mannen uppe på väderkvarnen verkar titta ut över himlen och fundera över om det snart ska börja regna eller om det blåser över? De tre kvinnorna som är på väg mot väderkvarnen befinner sig alltså i farozonen att överraskas av en regnskur. Även om konstnärer på 1600-talet målade moln var man fortfarande ganska osäker på vilken typ av moln man avbildade. Det var först under 1800-talet som metrologi blev en vetenskap.

Luke Howard brukar kallas molnens Carl von Linne eftersom han i början av 1800-talet skapade det grundläggande klassifikationssystemet för moln med de latinska namn som vi använder än idag: Cirrus, Cumulus, Stratus och Nimbus. Det vetenskapliga arbetet med att kategoriser och beskriva molnen smittade av sig på konsten. Den engelska landskapsmålaren John Constable gjorde till exempel hundratal molnstudier under 1820-talet. Intresset för plein air, det vill säga att måla ute i den fria naturen, som blev populärt under 1800-talet, bidrog till att konstnärerna blev mer intresserade av molnens formationer och betydelse.

Sverige mest kända konstmoln är också skapat under 1800-talet. Prins Eugens målning *Molnet* finns i olika varianter från 1895 till 1896. På målningen ser man ett landskap med en stig som slingrar sig genom bilden mot några träddungar och på himlen ett stort högt vitt moln, ett cumulusmoln för att använda den latinska benämningen.

Även den surrealistiska konstnären Rene Magritte var förtjust i cumulusmoln. De fluffiga vita molnen återfinns på många av hans målningar. I verket *The Return* (1940) ser vi siluetten av en duva mot en blå bakgrund ovanför ett bo med ägg. Själva duvans profil verkar utskuren och vi ser i konturerna en blå himmel med små fluffiga moln. Eller *The False Mirror* (1928) med ett öga där iris består av en blå himmel med vita moln. *Clear Ideas* från 1958 påminner lite om prins Eugens moln. På tavlan ser vi ett hav där en sten svävar över vattenytan och ovanför stenen ett stort vitt fluffigt moln.

Med dagens teknik kan vi skapa våra egna moln. Jakten på det perfekta molnet är något som konstnären Berndnaut Smilde har intresserat sig för. Hans skulpturer bruka bara vara i runt 10 sekunder, men det är tillräckligt med tid för att hinna fotografera dem innan de försvinner. Han skapar sina moln i katedraler, gruvor och på museum. Ett kort ögonblick bildas ett moln av rök och vattenånga framför åskådarens ögon innan det löses upp och försvinner. Under flera år har han jobbar med sin *Nimbus-serie*. Med tanke på att det rör sig om små lätta vita moln kan man undra varför serien heter nimbus? För nimbusmoln är ofta tunga med vatten och därför mörka som regnmoln, och för mig påminner Smildes skulpturer merom Cumulusmoln, små vita fluffiga stackmoln som man också säger.

År 2012 visade Skissernas museum i Lund en temautställning om moln i konsten. Bland de många konstverken kunde man bland annat hitta Lone Larsens *Hängande moln, klättrande moln* (2010) bestående av vita keramikmoln som hängde i rep från taket. Det är förstås en paradoxal bild att molnen skulle vara så tunga att de behövs hållas upp med rep. Det är också ett verk som kan associera till bondage där de flyktiga och fria molnen fångas in och knyts ihop till estetiska frusna ögonblick.

Magnus Thierfelder var en annan konstnär som deltog i utställningen. Hans moln bestod av diagonala spikar som satt fast på väggen och fick mig att tänka på uttrycket det "regnar spik". Anna Lings molnverk påminde lite om Thierfelders verk för där Thierfelder använder sig av diagonala tunna spikar för att bygga upp en bild av ett moln använder sig Ling av tunna vertikala streck av tusch och blyerts för att bygga upp sina molnformationer. De tolv bilderna i Lings serie bygger på observationer av vindstyrkorna i Beauforts vindskala från stiltje till orkan och ska enligt konstnären även kunna ses som en metafor för olika mänskliga sinnestillstånd.

För visst är det så att moln inte bara förknippas med väder utan kan även spegla känslotillstånd. De små lätta molnen på en blå himmel i Rogefeldts sång ger ett intryck av glädje och lycka. Men när Anna Book sjunger "Jag vet du tror du har otur och att din himmel alltid är grå" i Melodifestivalen 2016 så får man ingen speciellt lycklig känsla. För en grå molnhimmel signalerar melankoli, sorg och depression. Under romantiken fanns det också mycket känslor på himlen. Hela perioden börjar med det tyska uttrycket "Sturm und Drang", det vill säga storm och längtan, och visst var det vanligt under romantiken med himlar med upprörda svarta stormmoln som rasade omkring som känslorna i ett brustet hjärta. En himmel kan säga så mycket om en sinnesstämning i målningen. Vad hade till exempel Edward Munchs målning *Skriet* varit utan den brinnande himlen i bakgrunden? Hade Munch valt att måla små lätta moln på en blå himmel hade vi inte upplevt målningen som lika ångestladdad.

Moln kan också användas för att visualisera den annalkande domedagen som i Albrecht Dürers träsnitt *Apokalypsens fyra ryttare* (1498). Där de fyra ryttarna rider i full fart över bilden med en upptornad molnformation i ryggen som en rasande storm som följer i deras spår. Men ingen enstaka molnformation har väl varit så skrämmande som svampmolnet som fått symbolisera atomåldern och rädslan för ett kärnvapenkrig.

Jone Kvies har skapat en silverfärgad skulptur i form av ett svampmoln som reflekterar omgivningen i sin spegelblanka yta. Det är en organisk svamp av rök som stiger mot himlen efter explosionen av en atombomb. Även Yang Jiechangs har i sin apokalyptiska målning *Moln över Nagasaki* speglar det fruktade svampmolnet som med en röd svans av eld stiger mot skyn. Den amerikanska konstnären Robert Longo har också arbetat mycket med atombombsmolnen. I en serie kolteckningar har Longo använts sig av arkivmaterial i form av fotografier från olika atombomsdetonationer. I *Untitled (Hercules) (2008)* ser vi ett stort svampmoln som vrider sig upp genom luften. Hercules var kodnamnet på en atombomb som Kina testade 1967. I Kvies, Jiechangs och Longos bilder är det inte längre frågan om några små oskyldiga lätta moln som svävar över himlen utan ett rasande helvetiskt moln som stiger ur marken för att krossa och döda allt i sin väg.

Kannibaler, antropofager och köttätande konstnärer

Redan de gamla grekerna var intresserade av kannibalism. I den grekiska mytologin hittar vi Kronos, son till himlen, dotter till jorden och en av de ursprungliga Titanerna. Kronos hade som ovana att äta upp sin avkomma eftersom en spådom hade förutsett att han skulle bli störtad från makten av en av sina söner. Nu blev han lurad att äta en sten istället för sonen Zeus som senare i livet, helt enligt spådomen, tog makten från sin far.

I Francis Goyas målning *Saturnus slukar en av sina söner* (1819-1823) ser vi ett stort hårigt monster som äter på en naken manskropp. Huvudet är redan uppätet och Saturnus (som är det romerska namnet på guden Kronos) håller på att tugga i sig en arm. Enligt myten slukade Saturnus sina barn levande så Zeus sedan kunde rädda dem tillbaka till livet genom att tvinga fadern att spy upp dem. Goya har som en del andra konstnärer istället valt att skildra motivet på ett mer obehagligt och blodigt sätt genom att låta Saturnus tugga och slita i det blodiga köttet av sina barn.

Barockmålaren Peter Paul Rubens version från 1636 är nästan mer skrämmande. När Goya låter ett fasansfullt galet monster äta på en vuxen kropp så låter Rubens en äldre man med grått hår och skägg ta en tugga från bröstet av ett barn. Medan offret i Goyas målning redan är död, låter Rubens oss möta det levande barnets förtvivlade blick medan Saturnus frossar på sin avkommas kött. Man kan i Rubens målning se hur tänderna biter sig fast i skinnet och sliter loss köttet från det försvarslösa barnets kropp.

Den barnätande jätten kan man även hitta i den isländska mytologin. Redan i de isländska sagorna nämns Grýla en kvinnlig jätte som levde bland bergen på Island och med tiden fick hon rykte om sig att äta stygga barn. Speciellt vid juletid brukade hon komma ner från bergen i jakt på barn som inte uppfört sig under året. Den isländska konstnären Þrándur Þórarinsson (f.78), som studerat för den norska målaren Odd Nedrum, gjorde 2009 en målning av Grýla. Målningen visar en kvinna som står lutad över vaggan med ett barn i handen som hon börjat äta på. Hennes blick är tom och ur mungiporna rinner det blod. I dörröppningen står modern som nyss öppnat barnkammardörren och förvirrad försöker förstå vad som händer med hennes barn.

Även inom den kristna föreställningsvärlden finns kannibalism med som ett inslag. Dante skriver i den *Gudomliga komedin* om Satan som sitter fastfrusen i helvetets nionde krets och som har tre huvuden och tre munnar som han använder för att tugga på Judas, Brutus, and Cassius som för evigt straffas genom att bli uppätna av Satan. Det är kanske inte så underligt att man i helvetet, där människor plågas i eldar och bli torterad, också kan bli uppäten av andra syndare som straff. Renässanskonstnären Fra Angelico har i målningen *Domedagen* (ca 1430), på den högra sidan av tavlan som skildrar helvetet, inte bara med den obligatoriska djävulen som äter på ett par människor, utan har även målat dit en stor kittel där flera människor håller på att kokas levande för att sedan serveras till andra som befinner sig i helvetet.

Att äta människokött är i västvärlden tabubelagt men det finns historiska exempel på när kannibalism har förekommit som en sista utväg för att överleva. Jules Vernes roman *Kazallons loggbok ombord på Chancellor* (1875) skulle mycket väl kunna vara inspirerad av Théodore Géricault kända målning *Medusas flotte* (1819). Målningen bär inga spår av kannibalism men däremot historien bakom. Bakom tavlans motiv finns en fasanfull historia om den franska kronofregatten La Méduse som gick på grund utanför Afrikas kust och de överlevande passagerna tvingades evakuera skeppet på en flotte. Efter flera dagar på drift på havet utan mat ser man ingen annan utväg än att börja äta av de döda kropparna. Händelseförloppet i Vernes roman följer en liknande historia. Skeppet *Chancellor* börjar brinna och går på grund. Man lyckas släcka elden men skeppet förlorar styrförmågan och driver vind för våg över Atlanten och börjar ta in vatten. De överlevande tvingas att bygga en flotte för att rädda sig. När provianten tar slut på flotten återstår bara att börja äta de döda skeppskamraterna för att överleva. Hela förloppet skildras i dagboksform av den överlevande passageraren J. R. Kazallon.

Två andra kända historiska exempel på kannibalism är "Donner-Party" som bestod en grupp nybyggare i USA på väg till Kaliforninen som vintern 1846-47 tvingades övervintra i bergen i Sierra Nevada. Den långa och svåra övervintringen gjorde att provianten tog slut och en del av nybyggarna blev till slut tvungna till kannibalism för att överleva innan de kunde räddas. Historien påminner lite om flygplankatastrofen med Uruguayan Air Force Flight 571 som blivit känd genom filmen *Alive* från 1993. År 1972 störtade ett passagerarplan i Anderna på 3600 meters höjd. Det skulle dröja 72 dagar innan de överlevande kunde räddas och för att hålla sig vid liv under tiden blev man tvungen att ägna sig åt kannabalism.

Under 1500-talet när européerna började kolonisera världen träffade man på nya kulturer och nya folkslag. Människor som för de kristna erövrarna framstod som primitiva vildar. Bland de många nya upptäckterna som man rapporterade hem om var bland annat bilden om vildarnas kannibalism. Det spreds ett flertal grafiska tryck från den här tiden med bilden av hur vildarna åt människokött som Hans Stadens svartvita gravyr *Brasilien* från 1592. På bilden ser man hur människor i Brasilien har en grillfest där styckade ben och armar från människor har lagts på grillen och hur några av deltagarna tuggar på hela människoben. I Jan van Kessel målning *Indianer som kannibaler* (1670) ser man indianer som håller på att stycka människor som sedan ska bli middag. Idag menar många forskare att det inte finns några historiska bevis på att hela samhällen eller kulturer ägnade sig åt kannibalism som föda. Utan det delvis var propaganda för att rättfärdiga att man kunde döda och förslava dessa "barbariska" civilisationer.

Kannibalism eller antropofagi, som är den mer korrekta termen när det gäller att äta människokött, är idag främst något som sysselsätter antropologer och när kannibalism har förekommit i historien är det ofta frågan om rituella ceremonier där man äter delar av sina fiender som hjärtat eller människor som blivit besatta av demoner. Korowaifolket på Nya Guinea som betraktas som den sista utövande stammen med kannibaler äter khakhua, som är en människa som blivit besatt av en demon och som dödat andra stammedlemmar. För Korowaifolket handlar det inte om att äta människokött eftersom de inte betraktar khakhua som en människa utan som en ond demon som man dödar och äter upp för att hindra att mer ondska ska drabba stammen. Det är kanske inte mer underligt än att kristna i nattvarden äter Jesus Kristi kropp och blod, även om det sker symboliskt i form av oblat och vin.

Det är också via antropologin som kannibalismen tar steget in i populärkulturen och blir en del av skräckgenren. Den italienska filmen *Cannibal Holocaust* från 1980 betraktas som lika viktig för kannibalfilmgenren som George A. Romeros *Night of the Living Dead* (1968) var för zombiefilmen. *Cannibal Holocaust* är en pseudodokumentär och bygger på upphittade filmer efter en expedition med antroploger som reste till Amazonas för att filma en kannibalstam. Under en räddningsexpedition hittar man filmerna som när de framkallas visar det hemska som drabbade forskarna. *Cannibal Holocaust* blev till en början förbjuden för sitt realitiska våld och blodiga scener och anklagades även för att skildra riktiga kannibalscener. Men denna realism ligger så att säga i pseudodokumentärens fiktiva estetik, att det ska verka som om det är på riktigt.

Filmbranschen har på många sätt tagit över och fortsatt att cementerar de stereotypa propagandabilderna av den vilda kannibalen från kolonialtiden. Antingen möter vi en bestialisk vilde som slaktar vita människor och äter upp dem, vilket sker i skräckfilmen, eller så hittar vi kannibalen i komedin där de "dumma" kannibalerna försöker koka sina offer i en stor järngryta, men blir lurade på sin middag av de "smarta" vita som rymmer. En komisk situation som drabbat olika karaktärer genom filmhistorien från Abbott och Costello i *Africa Screams* från 1949 till Jack Sparrow i *Pirates of the Caribbean: Dead Man's Chest* (2006).

När den vita kannibalen kliver upp på filmduken så beskrivs han istället som en sofistikerad och civiliserad människa. Den vita intellektuella kannibalen personifieras av Dr. Hannibal Lecter i filmen *När lammen tystnar* från 1991. Här möter vi en välutbildad läkare, seriemördare och antropofag som gärna ta med sig en vän hem på middag och avnjuter honom tillsammans med ett dyrt vin.

Via filmens värld tar vi oss så småningom tillbaka till konstens. Den brittiska konstnären och regissören Peter Greenaways film *Kocken, tjuven, hans fru och hennes älskare* (1989) får bli en brobyggare mellan de bägge världarna. I filmen möter vi den osympatiska engelska gangstern Albert Spica som har tagit över en fin fransk restaurang där han äter middag varje dag med sin fru Georgina. Georgina fattar i sin tur tycke för en annan stamgäst, bokhandlaren Michael och de inleder ett förhållande. Spica får kunskap om otrohetsaffären och skickar sina hejdukar för att tortera och mörda bokhandlaren.

När Georgina upptäcker att hennes älskade är mördad bestämmer hon sig för att hämnas på sin man genom att tillaga Michales kropp och servera den till honom. Under processionslika former bärs anrättningen fram dolt av ett vitt lakan. När lakanet tas bort visas en helstekt människa och under hot tvingas Spica att äta sitt offer.

Det finns även konstnärer som påstår sig ha ätit människokött eller andra kroppsdelar som en del av ett konstverk. Den kanadensiska skulptören och konstnären Rick Gibson åt 1988 en kanapé som var lagad på en bortopererad tonsill, det vill säga en halsmandel som en person donerat till honom. Året därpå provade Gibson på att äta en skiva av en mänsklig testikel. Båda dessa kannibalistiska performanceverk skedde i England utan större uppmärksamhet från myndigheterna, men när Gibson skulle upprepa testikelverket på ett galleri i Vancouver stötte han på patrull och polisen konfiskerade testikelbiten. Anklagelserna mot honom lades dock ner och Gibson kunde framför trappan till tingsrätten slutligen avnjuta sin måltid.

Den norska konstnären Alexander Selvik Wengshoel hävdar att han 2014 åt upp en del av sin egen höft. Wengshoel som var född med en defekt höft genomgick en operation där en del av höftbenet togs bort. Konstnären ska efter operationen ha tagit med sig benet hem och kokat det och sedan ätit upp köttet på benet tillsammans med lite potatisgratäng och ett glas vin. Några vittnet finns nu inte till det inträffade och det låter ganska osannolikt att sjukvården skulle låta någon få med sig bortopererade delar med sig hem istället för att skicka det förbränning. En benbit som enligt konstnären var hans egen fanns i alla fall med på en utställning tillsammans med en video av operationen som dokumenterade det inträffade.

Att äta människokött handlar mycket om att chockera och tänja gränserna för vad vi anser vara moraliskt och etiskt riktigt att äta. Någon som verkligen har tänjt på den gränsen är den kinesiska konstnären Zhu Yu som räknas som en av Kinas mest kontroversiella konstnärer. I Yus performance *Eating People* från 2000 tillagade han och åt upp ett mänskligt foster. Bilder från performancen har sedan dess cirkulerat på nätet och väckt en hel del avsky och fått olika polismyndigheter att utreda händelsen. Det mesta verkar dock tala för att det som beskrivs som ett foster egentligen var en kombination av kyckling och docka. Zhu Yu lyckades i alla fall med sitt syfte att skapa ett chockerande konstverk.

Att äta barn betraktas naturligtvis som det mest förkastliga och motbjudande som man kan göra som människa samtidigt är det något som har fascinerat och skrämt oss under hela historien. Förutom mytologiska berättelser som den om Kronos som äter upp sina barn finns det flera andra exempel på hur vi skrämmer barn med olika monster som kommer och äta upp dem om de inte är snälla. Förutom den isländska Grýla och andra varianter av Bogeyman kan man nämna häxan i Hans och Greta och hennes aptit för sockeruppfödda småbarn som rymt hemifrån.

En utställning som har tittat närmare på kannibaler i konsten är *Tous cannibales* ("Vi är alla kannibaler" ett citat av Claude Lévi-Strauss) som visades 2011 på galleri Maison Rouge i Paris. Bland verken kunde man förutom några äldre grafiska blad i stil med Hans Stadens bilder av indianer som äter människokött även hitta samtida konstnärer som Joel Peter Witkins och hans fotografi *Feast of Fools* (1990). Fotografiet är ett svartvitt stilleben som förutom frukter även innehåller ett foster och en del kroppsdelar som avhuggna fötter och händer istället för de mer vanliga köttstycken från olika djur som man brukar hitta i vanliga stilleben.

I utställningen *Tous cannibales* hittar vi också ett motiv som knyter ihop hela temat om kannibalism i konsten. Här träffar vi åter igen på Goyas målning av Saturnus som äter sina barn i form av en parafras. Den japanska konstnären Yasumasa Morimura har i flertalet verk iscensatt kända målningar med sig själv som huvudperson. Han har varit Mona Lisa, van Gogh och Frida Kahlo och såklart även Saturnus i Goyas kända målning. I *Exchange of Devouring* (2004) ser vi Morimura som naken titan som håller en blodig arm- och huvudlös kropp i sina händer. Ett foto som får sammanfatta bilden av antropofagen i konsten.

Isklockan klämtar för klimatet

Isblocken står i en cirkel. Tick-tack tick-tack. Vi befinner oss i Paris. Det är december 2015 men isblocken på gatan håller ändå på att smälta. Tick-tack tick-tack. Strax utanför Paris har delegater från världens alla länder samlats för att förhandla fram ett nytt klimatavtal. Tick-tack tick-tack. Tittar man närmare på isblocken så ser man att det är tolv stycken och de bildar en urtavla. Vattnet rinner ner på gatan som sanden i ett timglas. Tick-tack tick-tack för tiden håller på att rinna ut för att rädda jordens klimat.

Ice Watch, isklockan är ett konstverk av konstnären Olafur Eliasson. Han har låtit frakta isblocken från en smältande glaciär utanför Grönland för att skapa en väckarklocka för världens alla politiker om att det är hög tid att agera i klimatfrågan. Eliasson var inte den enda konstnären under FN:s klimatmöte COP21 som ställde ut klimatkonst i Paris.

Den brittiska konstnären Liam Gillick skapade till exempel verket *The Logical Basis* på perrongen till järnvägsstationen Paris Gare du Nord. Gillicks verk bestod av 42 stora färggranna paneler med matematiska formler. Formlerna var hämtade från Syukuro Manabes forskning. Manabe är meteorolog och klimatexpert och räknas som en pionjär när det gäller att använda datorer för att simulera klimatförändringar. Hans modeller ligger idag till grund för de framtidsscenarier som dagens forskare tar fram för att se hur uppvärmningen av jorden kommer att förändra klimatet.

Enligt modellerna kommer uppvärmningen att leda till att isarna runt polerna smälter, med resultatet att havsnivåerna stiger och låglänt kustland riskerar att översvämmas. Det man ofta inte tänker på är att det inte bara är havsnivån som kommer att stiga utan att många berg också kommer att bli lägre.

Kebnekaise är Sveriges högsta berg och består av två toppar. Nordtoppen och den något högre Sydtoppen som är 2103 meter över havet, eller rättare sagt så var berget så högt sommaren 2007. Sydtoppen består nämligen av en toppglaciär som de senaste åren minskat i storlek och berget är idag endast 2097.8 meter högt. Om avsmältningen fortsätter är det inte omöjligt att Nordtoppen, som bara är en meter lägre, kommer att bli Sveriges högsta bergstopp. Det kommer att påverka alla som vill bestiga Sveriges högsta berg eftersom Sydtoppen är relativt lätt att nå medan Nordtoppen kräver både klätterkunskaper och utrustning.

Konstnärsduon Bigert & Bergström ryckte därför ut för att försöka rädda Sydtoppens position som Sveriges högsta bergstopp, genom en aktion där man bredde ut ett 500 kvadratmeter stort reflekterande guldfärgat täcke, för att avskärma solens strålar och därmed hindra glaciären från att smälta mer. Denna räddningsoperation kan man se mer av i deras senaste utställning *The Freeze* som under januari 2016 visas på galleri Belenius Nordenhake i Stockholm. Bigert & Bergström har i flera tidigare verk undersökt väder och klimat. De har också gjort en serie utställningar där man undersöker människans önskan att kontrollera klimatet och vädret genom olika tekniska lösningar som *The Storm* (2012) och *The Drought* (2013) och där *The Freeze* är det senaste tillskottet.

Glaciäravsmältningen är ett lika oroande problem som den framtida havshöjningen. "Project Pressure", som är ett ideellt initiativ, har som målsättning att dokumentera glaciärerna innan de smälter och försvinner. Ambitionen är att skapa en interaktiv karta över glaciärer med hjälp av frivilliga fotografer runt om i världen. Till projektet har man också knutit ett antal fotografer och konstnärer. Genom att fotografera av glaciärerna hoppas man kunna bevara hur de såg ut för eftervärlden, men även kunna spåra hur de förändras genom tid. Tidigare har man varit beroende av att hitta äldre målningar eller fotografier för att kunna jämföra med dagens glaciärer.

Den amerikanska fotografen Arthur Oliver Wheeler besökte 1917 *Athabasca glaciären* i Jasper National Park i Kanada och fotograferade av den. Ställer man Wheelers foto bredvid Gary Braasch foto från 2005 av samma glaciär så ser man den stora skillnaden. Nästan hälften av glaciärens volym har försvunnit och den har dragit sig tillbaka 1.5 kilometer i landskapet. Det är precis vad man kunde upptäcka i utställningen *Vanishing Ice: Alpine and Polar Landscapes in Art, 1775-2012* som visades på the Whatcom Museum i Bellingham 2013. Utställningen handlade om is i olika former, från glaciärer, isberg till packis, och hur landskapet förändras och påverkas av klimatförändringarna.

En av de medverkande konstnärerna i utställningen var Jyoti Duwadi från Nepal som i verket *Melting ice* hade staplat 150 isblock på museets innergård. Precis som Olafur Eliassons isklocka fick blocken sedan smälta som en påminnelse om alla glaciärer som smälter och försvinner runt om i världen. Duwadi är amerikan men född i Nepal, så man kan tänka att Himalayas glaciärer ligger honom varmt om hjärtat. Eftersom glaciärerna i Himalaya har en viktig betydelse för dricksvattenförsörjningen i området så kommer det att påverka många byar och städer om de försvinner.

Hotet inför klimatförändringarna skapar naturligtvis en ödesmättad stämning som jag tycker att Jean de Pomereu fångade perfekt i en av sina fotografier som fanns med i utställningen *Vanishing Ice*. Pomereu som tillbringat en hel del tid med att fotografera Antarktis gjorde 2008 en fotoserie med titeln *Sans Nom*. I fotografiet med namnet *Fissure 2 (Antarctica)* ser vi en spricka i isen som går rakt mot horisonten där ett stort isberg tornar upp sig i det vita diset. Pomereu beskriver själv fotografiet med orden: *"To me, the ice crack represents and embodies the first fissure in this world of stillness and silence: The first dramatic sign of the coming spring breakup of the sea ice."*

I vanliga fall skulle vi se fram mot islossningen som sprickan i Pomereus fotografi förebådar. Tecknet på att vintern äntligen släpper sitt hårda grepp om oss och vi kan skymta solen och värmen i horisonten, men i sammanhanget känns det mer som sprickan förebådar katastrofen då allt rämnar och klimatkaoset snart bryter ut i världen.

Månmuseet och andra konstverk i omloppsbana

När man står ute en kall vinternatt och tittar upp mot den stjärnklara himlen kan man inte låta bli att ställa sig en av de stora existentiella frågorna: Finns det konst där ute i universum?

Det föremål som befinner sig längst bort i rymden skapat av en människa är rymdsonden Voyager 1 som NASA skickade iväg 1977 för att undersöka planeterna i vårt solsystem. Sonden har nu lämnat vårt solsystem och är på väg ut i den yttre rymden. Det som gör Voyagersonden så speciell är att man placerade en guld-LP på farkosten med information om jorden. På skivan finns bland annat bilder och musik tillsammans med instruktioner om hur man ska hitta vår planet. Även om man tog med kända kompositörer som Bach, Mozart och Beethoven på skivan så finns det inte ett enda konstverk med bland de 116 bilderna på skivan. Så om en utomjordisk civilisation skulle hitta skivan och lyckas spela den så kommer de tro att vi människor är duktiga på att skapa musik men inte speciellt begåvade när det gäller bildkonst. Man skulle visserligen kunna hävda att den berömda plaketten som föreställer en naken man och en kvinna och en beskrivning av vårt solsystem skulle kunna betraktas som någon form av bildkonst, men det är väl, för att vara petig, snarare en illustration än ett konstverk.

Betydligt närmare ligger då månmuseet. Det är precis som det låter ett museum på månen med konst av sex kända sextiotalskonstnärer: Robert Rauschenberg, David Novros, John Chamberlain, Claes Oldenburg, Forrest Myers och Andy Warhol. Museet fördes till månen 1969 med Apollo 12 som var den andra bemannade farkosten som landade på månen. Även om det rör sig om en imponerande lista med konstnärer så är museet ganska oansenligt. Det finns på en liten keramisk bricka som är cirka 2 x 1.3 cm stor. På denna lilla bricka har konstnärerna ristat in var sitt konstverk som mest påminner om klotter. Andy Warhols figur, som med lite fantasi skulle kunna tolkas som en rymdraket, får nog de flesta att tänka på en snopp ritad på väggen till en offentlig toalett. Claes Oldenburgs figur påminner lite grann om en geometrisk Musse Pigg medan Robert Rauschenbergs verk bara består av ett vertikalt streck.

Alla konstnärer vill naturligtvis vara först med att ställa ut konst på månen. Den belgiska skulptören Paul Van Hoeydonck brukar hävda att han var den första konstnären att placera ut ett konstverk på månen. Det skedde 1971 under den fjärde månlandningen med Apollo 15. Astronauterna placerade ut den 8.5 cm lilla aluminiumskulpturen *Fallen Astronaut* tillsammans med en plakett med namnen på 14 amerikanska astronauter och sovjetiska kosmonauter som omkommit i tjänst. Skulpturen blev ett minnesmonument över alla de modiga människor som hjälpt till att erövra rymden. Som vi sett var dock inte Van Hoeydonck först utan redan 1969 hade man etablerat ett månmuseum.

Även den svenska konstnären Mikael Genberg hävdar att hans konstprojekt kommer att vara det första på månen. Även om han inte kommer att bli först så är det ett spännande projekt som ska placera en typisk svensk röd stuga med vita knutar på månen. Månhuset kommer iallafall att synas bättre än de ganska små och grå konstverk som finns där sedan tidigare. Genberg har sedan 1999 jobbat med sitt projekt och det stora problemet är förstås att finanisera det. Genom crowdfunding hoppas nu konstnären få ihop tillräckligt med pengar för att genomföra projektet. På sin hemsida themoonhouse.com beskriver han idén bakom månhuset:

"Ett demokratiskt projekt i rymden, där alla är välkomna att vara med och skapa en unik symbol för vad vi människor kan uppnå tillsammans. Månhuset gör rymden mer tillgängligt för alla i syfte att ta rymden närmare människan och människan närmare rymden."

Det finns nu fler som ligger i startgroparna för att placera ut konst på månen. Google har utlyst Google Lunar XPRIZE på 20 miljoner dollar till den som först kan placera en rover, det vill säga en obemannad robotbil på månen som kan skicka hem bilder. Några som har nappat på idén är Carnegie Mellon University's Robotic Institute som planerar att skicka en rover under 2016 till månen. Med rovern kommer man också att skicka med skulpturen *MoonArk* som bygger på en liknande idé som guld-LP:n på Voyager 1. Skulpturen kommer att innehålla material från olika jordiska konstformer som konst, arkitektur, design, musik och litteratur. Eftersom det är dyrt att skicka upp saker till månen får skulpturen, som egentligen är mer som ett museum, inte väga så mycket. Den beräknas väga som en halvfull läskburk. En internationell grupp med runt 30 konstnärer, forskare och designers har arbetat i flera år med att skapa denna ark som består av fyra kammare med fyra disketter av safir med inskriptioner och små kapslar som innehåller material som visar att det finns liv på jorden. Nu behöver man inte åka till månen för att se detta verk, eftersom en kopia kommer att tillverkas och ställas ut i Paris och i tio andra europeiska städer.

Betydligt enklare är det att skicka upp konst till ISS, den internationella rymdstationen som ligger i omloppsbana runt jorden. Trafiken dit är ganska regelbunden då de som jobbar på ISS behöver proviant och man byter ut besättningen efter hand. På ISS pågår det en hel del olika vetenskapliga experiment och ibland även konstutställningar. Att gatukonstnären Space Invader har invaderat rymdstationen med sin konst känns helt rätt. Space Invader har gjort sig känd för att sätta upp små mosaiker på husfasader runt om i världen med motiv från dataspel som Super Mario, Pacman och Space Invaders. Sedan juli 2014 finns nu verket *Space2* på ISS. Verket består av en liten mosaik som passande nog har motivet av ett rött monster från spelet Space Invaders.

Det första konstverk som skickades upp till ISS anses annars vara Katie Patersons *Field of the Sky* (2012) som också anlände i juli 2014. Skulpturen har formen av en riktig meteorit som efter att ha färdats i rymden i 4.5 miljarder år ramlade ner på jorden för drygt 5600 år sedan. Paterson vill med vetenskapen och konstens hjälp återföra meteoriten till rymden där den hör hemma. Att skicka upp ett konstverk till ISS föregås av rigorösa kontroller och tester. Man befarade bland annat att rost från Patersons skulptur skulle kunna hamna i rymdstationens luftfilter och utsätta astronauterna för fara. Till slut beslöt man sig för att täcka hela skulpturen med ett lager genomskinlig silikon för att förhindra eventuella framtida läckage av partiklar.

Nästa utställningsplats att erövra i rymden borde vara Mars, men tyvärr måste jag göra eventuella intresserade konstnärer besvikna för Damien Hirst hann först. Beagle 2 var en rymdfarkost som skulle landa på Mars 2003 men under färden ner mot ytan tappade man kontakten med den. Efter flera misslyckade försök med att få kontakt drog man slutsatsen att farkosten störtat och blivit förstörd. Ombord på Beagle 2 fanns ett konstverk gjort av Damien Hirst. Hirst är bland annat känd för sina prickmålningar och en sådan liten prickmålning fanns med på farkosten.

Konstverket var inte bara en estetisk utsmyckning utan skulle även användas av vetenskapsmännen som en testplatta för att kalibrera farkostens kamera och spektrometer. När NASA under 2015 skickade en rekognoseringssatellit till Mars fick den en skymt av Beagle 2 under uppdraget. Den försvunna farkosten med Hirsts prickmålning var återfunnen. Därmed kan man också säga att Damien Hirst har skapat det konstverk som befinner sig längts bort i en omloppsbana kring solen. Att Hirsts målning inte kommer bli det sista konstverket på Mars är dock säkert. För vilken konstnär skulle kunna motstå frestelsen att få ställa ut på en planet i rymden?

www.ingramcontent.com/pod-product-compliance
Lightning Source LLC
Chambersburg PA
CBHW031924240526
45464CB00022B/861